北京高校中国特色社会主义理论研究协同创新中心(中国政

她们

女性的镜像与觉知

张文灿 著

企业管理出版社
ENTERPRISE MANAGEMENT PUBLISHING HOUSE

图书在版编目（CIP）数据

她们……：女性的镜像与觉知 / 张文灿 著
— 北京：企业管理出版社，2017.11
ISBN 978-7-5164-1599-3

Ⅰ. ①她… Ⅱ. ①张… Ⅲ. ①妇女人类学－研究 Ⅳ. ①C913.68

中国版本图书馆CIP数据核字(2017)第247629号

书　　名：	她们……：女性的镜像与觉知
作　　者：	张文灿
责任编辑：	于湘怡
书　　号：	ISBN 978-7-5164-1599-3
出版发行：	企业管理出版社
地　　址：	北京市海淀区紫竹院南路 17 号　　邮编：100048
网　　址：	http://www.emph.cn
电　　话：	编辑部 (010) 68701661　　发行部 (010) 68701816
电子信箱：	1502219688@qq.com
印　　刷：	三河市书文印刷有限公司
经　　销：	新华书店
规　　格：	889 毫米 × 1194 毫米　　32 开本　　9.25 印张　　160 千字
版　　次：	2017 年 11 月第 1 版　　2017 年 11 月第 1 次印刷
定　　价：	38.00 元

版权所有　翻印必究·印装有误　负责调换

目录

第一篇　他者的镜像

P1　　苏青：在烟火气中脱俗着

P10　苏雪林：以文疗伤

P18　张幼仪：失去的婚姻成就了她

P30　毛彦文：与香山慈幼院的半生缘

P41　杨绛：那一份清雅，可遇不可求

P52　萧红：脱序的人生，不甘的心

P63　刘清扬：女权的理想与现实的烦扰

P73　向警予：革命女性的两难

P81　丁玲：女性意识与革命立场

P94　他们：相濡以沫还是相忘于江湖

P100　西蒙娜·德·波伏娃：自由背后的负累

P109　弗吉尼亚·伍尔夫：爱也不能挽留她

P117　卡米耶·克洛岱尔与汉娜·阿伦特：毁灭抑或重生

第二篇 / **自我成长与觉知**

- *P131* 自行车、爸爸和我
- *P140* 外祖父·妈妈·中医
- *P148* 婆婆
- *P154* 叔叔
- *P161* 与女儿一起成长
- *P172* 不妨换个角度
- *P175* 以爱的名义：孩子究竟是什么
- *P178* 关于电视，关于少时
- *P183* 一鸣语录
- *P189* 朋友
- *P195* 且行且醒
- *P200* 卖菜女
- *P205* 无言的相伴
- *P208* 淘淘的爱情
- *P211* 阳朔之行
- *P216* 重游青岛
- *P221* 慢游成都

第三篇　／　**书影中的她们**

P227　《雅致人生》：时间中的女人、男人

P232　《百年情书》：话里话外的玄机

P239　《往事》：爱上爱情

P246　《把时间浪费在美好的事物上》：做勇敢的女子

P250　《在转角处告别》：恰如其分的相遇

P253　《刺猬的优雅》：如何走出孤独

P258　《在云端》：我理解他，因为他与我无关

P262　《超越边界》：可以牵挂不是更好吗

P265　《最后一站》：爱、自由与平静

P270　《革命之路》：出路在哪里

P273　《东京铁塔》：因为空气

P277　《金色池塘》：关于爱，关于死亡

结　语　／　**做一个平和有光的女子**

第一篇

他者的镜像

这些出生在一百多年前的中西女性,
都在历史上留下了或深或浅的痕迹。
她们的人生经历千差万别,却呈现出某些相似的特质。

她们不甘围炉而活,用各自不同的方式,
试图从固有的社会及性别秩序中突围出来。
用大众的价值原则衡量,
她们有的成功突围了,使人敬佩,
比如张幼仪、毛彦文、西蒙·德·波伏娃;
有的则一生波折,让人感慨,
比如苏青、刘清扬、丁玲;
也有的香消玉殒,令人唏嘘,
比如萧红、卡米耶·克洛岱尔、弗吉尼亚·伍尔夫。
无论如何,在通往独立、自由的道路上,
她们都付出了惊人的勇气和不懈的努力,
当然也承受了难以言表的痛楚及伤害。

这些似乎无法复制的人生传奇,恰恰成了一面多棱镜,
折射出女性实现主体性究竟走了一条怎样曲折漫长的道路;
同时,在她们看似成功或破碎的背后,
那些不为人知的一面,又促使当下的女性,
透过这面镜子来反思自我,不断修正和调整前行的方向。

苏青 / 在烟火气中脱俗着

【苏青小像】

1914年,苏青出生于浙江宁波一个书香之家,原名冯和仪,字允庄,早年发表作品时曾署名冯和仪,后以苏青为笔名。

1933年,苏青考入当时国内最高学府"国立中央大学"的外文系,1934年因结婚辍学,1935年秋,她和丈夫移居上海。苏青的婚姻生活并不如意,因为生的是女儿,公婆不待见,丈夫也不体贴,夫妻间还常为生计拌嘴。有一次,苏青向丈夫要钱买米,竟被掴了一耳光,丈夫还说:"你也是知识分子,可以自己去赚钱啊。"因为这一耳光,苏青下决心找工作挣钱。

那时,上海的杂志业非常繁荣,苏青想通过写文章赚些稿费补贴家用。于是,她结合自己的切身感受创作了散文《产女》,并投稿给林语堂主编的《论语》杂志,后改题为《生男与育女》发表,这成为苏青文学创作生涯的开始。

1942年冬,苏青在《古今》杂志发表散文《论离婚》。1943年4月,苏青开始在《风雨谈》杂志上连载小说《结婚十年》,后来结集出版,读者争相购买,盛况空前。《结婚十年》一共印了36版，创造了当时出版业的一个奇迹。而此时，苏青的婚姻也走到了尽头。

1943年10月，苏青创办的天地出版社创刊《天地》月刊，她本人集社长、主编、发行人于一身。为了经营好这份事业，苏青设计了各种营销手段，并不辞辛苦扛着《结婚十年》在马路上贩卖。

1944年春，苏青的散文集《浣锦集》出版，再次引起读者热烈反响，一版再版，张爱玲也为她写序《我看苏青》。1945年初，苏青的散文集《饮食男女》出版，代序为《苏青张爱玲对谈记》，这时的苏青已经和张爱玲齐名，被视为当时上海文坛极负盛名的女作家。但苏青在抗战期间曾与大汉奸周佛海、陈公博有瓜葛，为其人生留下了不光彩的一笔。

中华人民共和国成立后，提倡文学创作为工农兵服务，苏青的文风在当时是不合时宜的。1949年底，苏青加入了"妇女生产促进会"，尝试新生活。1951年，上海市文化局戏剧编导学习班招生，苏青前去报名，但没有被录取，后由夏衍出面斡旋被批准入学。学习班毕业后，苏青被分配到芳华越剧团工作。1954年5月，由苏青改编的郭沫若的《屈原》首演，反响颇好。后来，由她编剧的《宝玉与黛玉》在京、沪连演三百多场，创下了剧团演出场次的最高纪录。1959年，芳华越剧团迁往福建，苏青不愿前去，便被安排在黄浦区文化局下属的红旗锡剧团当编剧，她还兼做配角唱戏，同时负责字幕。

"文革"期间，苏青被抄家批斗，同时被剧团辞退，生活无着，后来被黄浦区文化馆收留，1975年退休。

苏青晚年与已离婚的小女儿及小外孙三代人住在一间10平方米的房子里相依为命。

1982年，苏青去世。

曾经在网上订购过一套《民国才女美文集》（金、银卷），先是被封面吸引住，淡黄底色与磨砂质地营造出几许怀旧气息，腰封的玫红透着一丝柔美却并不抢眼的女性特质。虽然书名带有明显的营销痕迹，但内容倒是不错。文集选取了民国时期知识女性的散文随笔，大多是她们的代表作品。比起阅读电子版时的大脑一片空白，我更偏好纸质书籍。因为它的亲和与温度，形式与颜色，乃至于隐隐散发的墨香，某种程度上消弭了我与作者之间的时空疏离感，反而能达成彼此之间的微妙默契。这种无可替代的阅读体验，使读书成为生活中的必需。我把它戏称为"给精神化妆"。

断断续续看完之后，让我有兴趣再读的是苏青、苏雪林和张爱玲。张爱玲自不必说，苏青、苏雪林的文章以前确实很少读。张爱玲曾说："低估了苏青的文章的价值，就是低估了现在的文化水准。如果必须把女作者特别分作一栏来评论的话，那么，把我同冰心、白薇她们来比较，我实在不能引以为荣，只有和苏青相提并论我是甘心情愿的"。[1] 此话我不能妄断，但读苏青的文章，确实如沐春风。事实上，她俩的风格是迥异的，无论做人还是写文章。如果把张爱玲比作盛装的贵妇，端坐厅堂刻意引人注目；那苏青就是清淡的小家碧玉，在细且窄的格局里絮语。用苏青自己的话说，就是不求出名，唯生活计耳。其实，都是在红尘俗世里摸爬滚打的，只是，有人

---

[1] 苏青.饮食男女：苏青散文.李庆西、陈子善、编.北京：新世界出版社，2003：292.

乐意做出高调的姿态，有人不想也无暇去做吧，说不上谁更雅谁更俗，只要自己感觉舒服就好。

苏青的文章，满是烟火气，大多是家长里短，言语平实、质朴，有时还带着令人忍俊不禁的俏皮、幽默。然而，她又是脱俗的，乐时并不忘乎所以，悲时也不愤世嫉俗。自然，她被生活迫着非勇往前行不可，乐的时候并不多。她自有她的可爱，是我喜欢的。如果文如其人有几分道理的话，那我便是因了喜欢她的文，而喜欢她的人。是由于一向发达的感性所致？还是许多女性的通病呢？常常爱了才，便不管不顾地连人也一起爱了。那么，我眼里的苏青是怎样的呢？

苏青是不卑不亢、坚强自尊的。我以为一个女人家，在那个乱世中，碰到事情会有些怯的，然而她不。《关于我》有一段讲到她去收书款，与赖账的书商斗法，并且直言："欠我书款的人一定要逼我报告警察局，我倒是不会害怕什么的。不管人家如何说我小气，我还是继续讨我应得的款项。即使我将来做了富人或阔太太了，也还是要讨的，若不要钱便干脆不出书，否则我行我素，绝不肯因贪图'派头甚大'的虚名而哑子吃黄连的。我近来也学得精明了，我的精明只是自卫的，从来没有侵占过别人利益的，譬如说付账吧，我倒是顶爽气，从不曾少人一分一毫，也没有挨过一天是一天的念头。这是我做人的态度。"[1]事实上,离了婚的苏青,的确做了一个自食其力的职业女性。她也有点委屈地为自己辩白:"我也有可能用不正当手段换得较好的物质享受,然而我没有这样做过,因为我有自尊心及尊重别人的心。"[2]

胡兰成[3]说苏青:"她的离婚具有几种心理成分,一种是女孩子式的负气,对人生负气,不是背叛人生;另一种是成年人的明达,觉得事情非如此安排不可,她就如此安排了。她不同于娜拉的地方是,娜拉的出走是没有选择的,苏青的出走却是安详的。"[4]尽管胡兰成最终有负于张爱玲,但显然,他对女性的理解确有独到之处。用张爱玲的话说,就是懂得,虽然这懂得并非只对她。苏青自己在《再论离婚》中是这么说的:"我是个天生的贱骨头,觉得嫁个丈夫若不能尊敬我,爱护我,或者是个不能使我尊敬、被我爱恋的人,就做总统夫人也没有意思。还不如没有丈夫而能独立生活的女子,来得自由,过得快乐。"[5]也许,这样一种主动选择的背后,恰恰说明她很清楚自己想要的是什么,从而直面现实且不卑不亢。

苏青是率真的,不矫饰不虚伪。这也许是天性使然,也

---

[1] 苏青.续结婚十年.北京:国际文化出版公司,2005:2.
[2] 苏青.续结婚十年.北京:国际文化出版公司,2005:3.
[3] 胡兰成(1906~1981年),作家,张爱玲的第一任丈夫。胡兰成年轻时曾在燕京大学旁听课程,擅长写作,后追随汉奸汪精卫,在抗日战争时期出任汪伪政府宣传部副部长,成为汉奸。代表作有《今生今世》《山河岁月》《禅是一枝花》《中国文学史话》《今日何日兮》等。
[4] 胡兰成.中国文学史话(下卷).上海:上海社会科学院出版社,2004:176.
[5] 苏青.饮食男女:苏青散文.李庆西,陈子善,编.北京:新世界出版社,2003:292.

许是生活并没有给她搔首弄姿的条件。当时抨击她的人给她扣上色情的帽子，从我读的文章里，看见的不是性与色，仅仅是直言了人的欲望而已（用张爱玲的话，只是些常识罢了），有些说法还颇有趣和前卫呢。比如《谈婚姻及其他》里说道："一般知识阶级的职业妇女尽可不必因婚姻问题不得解决为痛苦，须知你们已能自立，有男人保护与否可不必介意。假如遇到合意的人，自然是结婚；否则又何妨把性和婚姻分开来讲。至于孩子问题，胆小的便避孕，有胆量的不妨坦然承认私生子，则加以抚养与教育。……婚姻原是完成性关系之完美的，若一味只作限制及束缚用，以为它便是爱情的金箍圈，自然要发生种种流弊了。"[1] 这话让如今愁嫁的剩女们听听，不一样振聋发聩吗？

在《苏青张爱玲对谈记——关于妇女、家庭、婚姻诸问题》中，记者问："假使你有个妹妹，要你替他择配，你会提出什么条件呢？"苏青答："女人以'失嫁'为最可怕。过时不嫁有起生理变态的危机。不过知识浅的还容易嫁人，知识高的一时找不到正式配偶，无可奈何的补救办法，说出来恐怕要挨骂，我以为还是找个把情人来补救吧，总较做人家的正式的姨太太好。丈夫是宁缺毋滥，得到无价值的一个（整个），不如有价值的半个甚至仅三分之一。不过这样一来，社会对私生

---

[1] 苏青.饮食男女：苏青散文.李庆西、陈子善，编.北京：新世界出版社，2003：88-89.

子应该承认他的地位。这样说来，似乎太便宜了男人，不过照目前（希望仅限于目前）实际情形而论，男人也有他的困难，因为在习惯和人情上，不能牺牲他的第一个妻子（假定她是不能自立的，也无法改嫁的）。而知识妇女自有其生活能力，不妨仅侵占别人感情而不剥夺别人之生活权利。自然能够绝对不侵占更好，不过现代男人多数早婚，而职业妇女常常迟嫁。这是过渡时代的无可奈何的办法。原是不足为训的，而且每人的结婚倘仅限一次实在太危险，因为年轻人观察力差，而年老了又要色衰。我的主张是尽自己能力观察，观察停当（自以为停当）就结婚，虽然总想天长地久，不过就不久长也罢，多嫁几次只不过是自己的不幸，既非危害民国的事，亦无什么风化可伤也。"[1]

这话是20世纪前半叶说的，即便让现在很多男性听起来，一定也着实觉得苏青太善解人意了啊。而那些离婚N多次的女性们，也会把苏青当知音吧。还有围城外围城内乐此不疲的，苏青早就替你们找好了充分的原谅自己的理由呢。骂她的人没准心里也暗暗敬佩她，多率真的人啊！说出了自己不敢说的心里话。

苏青是豁达与淡然的。比如，说到一些小报的诋毁，她说："我对于它们倒还相当谅解，因为它们本来是'如此这

---

[1] 苏青.饮食男女：苏青散文.李庆西，陈子善，编.北京：新世界出版社，2003：7.

般'的,现在仍旧把我如此这般说,只要于它们的销路有些好处,我是虽非君子却也乐于成人之美的。"[1] 当然,她还有那么一点小女人的娇气、小资的调调。张爱玲在《我看苏青》中说:"苏青跟我谈起她的理想生活。丈夫一定要有男子气概,不是小白脸,人是有架子的,即使官派一点也不妨,又还有点落魄不羁。他们住在自己的房子里,常常请客,来往的朋友都是谈得来的,女朋友当然也很多,不过都是年纪比她略大两岁,容貌比她略微差一点的,免得麻烦。丈夫的职业性质是常常要有短期的旅行的,那么家庭生活也不至于太刻板无变化。丈夫不在的时候她可以匀出时间来应酬女朋友(因为到底还是不放心)。偶尔生一场病。朋友都来慰问,带了吃的来,还有花,电话铃声不断。"[2]

苏青如此直言需要家庭,需要男人的安慰,需要平凡而温暖的生活,但若没有,她一样会把自己活得很好吧?不知道这样说是不是我的主观愿望呢?对于喜欢的人,我就是希望她什么都好。有时竟会因为这样的偏执,不肯接受明明白白的真实。所以,尽管她遭遇了那么多不幸,我还是情愿她的内心对人生抱有乐观的希望。这个,她的字里行间是有所展现的,现实中的冷暖,只有她自知了。

---

[1] 苏青.续结婚十年.北京:国际文化出版公司,2005:4.
[2] 苏青.饮食男女:苏青散文.李庆西,陈子善,编.北京:新世界出版社,2003:8.

苏雪林 / 以文疗伤

【苏雪林小像】

1897年，苏雪林出生于浙江省瑞安县县丞衙门里，原名苏梅，字雪林，笔名绿漪。因原籍是安徽太平县，她便自嘲为半个浙江人。

1915年苏雪林考入"安庆省立初级女子师范"，1919年考入"北平女子高等师范"。苏雪林在北平读书期间，正值"五四运动"发生不久，加之受教于胡适、李大钊、周作人、陈衡哲等知名教授、学者，同学中又有庐隐、冯沅君、石评梅等追求女性解放的才女，师友影响之下，苏雪林的思想发生了很大变化。

1921年，苏雪林赴法国，肄业于中法学院，再入里昂国立艺术学院深造，后因母病辍学回国。回国后，苏雪林与从未谋面的未婚夫张宝龄完婚。张宝龄曾留学美国麻省理工学院学习理工课程。婚后不过几年，两人的婚姻便以悲剧结束。在法国期间，苏雪林曾和未婚夫通过几次信，已发觉双方性情不合，便写信给父亲要求解除婚约，但在父母的申斥与劝说之下，她只好"认"了这门亲。

1925至1930年间，苏雪林任教于苏州"东吴大学""上海沪江大学""安徽省立大学"。1931

年开始,苏雪林在武汉大学执教,历时18年。在此期间,她和外文系教授袁昌英、文学院院长陈西滢的妻子凌叔华被称为"珞珈三杰"。

1949年,苏雪林赴香港,任真理学会编辑。1950年,第二次赴法国,目的是搜集楚辞的研究资料,探讨屈赋与世界文化的关系。1952年,苏雪林赴台湾,先后任"台湾省立师范大学""成功大学"教授。1973年退休,在家专事著述。1999年去世,享年102岁。

苏雪林在北平读书时开始发表散文,偶有短篇小说。1931年出版第一本作品集《绿天》,收入6篇散文,多是描写婚后生活的内容,想象力丰富,风格绮丽。1932年出版自传性质小说《棘心》。以后主要致力于古典文学批评,见解独到,自成一家。在授课之余从事学术研究,是苏雪林的极大乐趣。

1978年是苏雪林执教五十周年和八十诞辰,台湾多所大学校友代表为她祝贺,并出版《庆祝苏雪林教授写作五十周年暨八秩华诞纪念专集》,共收录110多篇文章,其中包括对她生平的记述和浩瀚著作的评价。

苏青是亲和的,张爱玲是孤傲的。可无论是亲和还是孤傲,都能让你看得极明白。读了文字,一个女子清晰地宛然立在你眼前,或喜或悲,或嗔或痴,那么分明。苏雪林却是矛盾的,透过她的文字,你似乎看到了一个戴着面具还化了浓妆的女子,很难看清她本来的眉目。我先读了她的几篇散文,然后才开始了解她的生平经历,这种感觉就更明显。说她"以文疗伤",也许有些失之偏颇,却也正是促使我想写几句的缘由。

"一个美丽的谎言"

"树叶由壮健的绿色变成深黄,像诗人一样,在秋风里耸着肩儿微吟,感慨自己萧条的身世。但乌桕却欣然换上了胭脂似的红衫,预备嫁给秋光,让诗人们欣羡和嫉妒,她们没有心情来管这些了。

我们携着手走进林子,溪水漾着笑涡,似乎欢迎我们的双影。这道溪流,本来温柔得像少女般可爱,但不知何时流入深林,她的身体便被囚禁在重叠的浓翠中间了。

……一张小小的红叶儿,听了狡狯的西风劝告,私下离开母枝出来顽玩,走到半路上,风偷偷儿地溜走了,他便一跤跌在溪水里。

水是怎样地开心呵,她将那可怜的失路的小红叶儿,推推挤挤地推到一个漩涡里,使他滴滴溜溜地打团转儿。那叶儿向前不得向后不能,急得几乎哭出来。水笑嘻嘻地将手一松,他才一溜烟地逃去了。"①

上面几段摘自《鸽儿的通信》,被收到苏雪林著名的作品集《绿天》中。这哪里是文字,分明就是柔美的工笔画啊。多有灵性,多有想象力的女子呵!我难以形容对这些文字的喜爱,于是练字的时候,就拿它作为范本了。

如果我说,这是一个正在燕尔新婚的女子写给外出丈夫的,你一定会想:是了,只有幸福的人儿才能写下这样的文字啊。我最初读这篇散文时,就是这么认为的。然而,字里行间那个俏皮、欢快而又温婉、细腻的女子竟是戴了面具的,或者说是想让我们以为,更让自己以为:她是快乐幸福的。

事实是,她与丈夫张宝龄仅仅是奉父母之命结婚罢了。这些美丽的文字,几乎没有得到任何来自丈夫的回应。那个麻省理工学院毕业的工程师,满脑子都是枯燥的公式和定律吧,不是他不好,而是他们没有感情基础和精神交流的话题,这是在婚前通信中苏雪林就心知肚明的。他们结婚三十六

---

① 兰云月.民国才女美文集(银卷).北京:北京燕山出版社,2009:68.

年，共同生活不到四年。她本可以选择离婚的，然而却坚持不离，因为"总觉离婚二字对于女人而言，总是不雅"。

她在《苏雪林自传》中说，《鸽儿的通信》是"一个美丽的谎言"。"把自己美化诗化，也就把周遭人物一个个美化诗化，否则怎能搭配得上呢？既如此，则丑陋的变成美丽了，残缺的变成完整了，可憎的变成可爱了，我便陶醉于这如诗如梦的桃色云雾里，觉得很可满足，那不愉快的婚姻对我也就没甚痛苦"。[1] 她描述自己"天生一颗单纯而真挚的'童心'，善于画梦，渴于求爱，有时且不惜编造美丽的谎言，来欺骗自己，安慰自己，在苦杯之中掺和若干滴蜜汁。"[2]

所以，我说她是"以文疗伤"。正如贝拉通过《贝拉神秘园》想要表达的：文学可以是一种拯救心灵伤害、维护人性完整的治疗术。苏雪林的文字，就是要通过这样的暗示和补偿来疗伤吧。人的心理多奇妙啊，我们能看见的、能感知的，别人的，也许还有自己的看似矛盾的东西，很多是浮在意识层面上的幻景。那潜在下面的，就被我们用这些幻景（面具）压抑、掩盖乃至扭曲了。然而，我们有时明白什么被压抑、掩盖了，有时压根就不知道。

这是一个完美主义者给自己制造的美丽的谎言，她最想要

---

[1] 苏雪林.苏雪林自传.南京：江苏文艺出版社，1996：197.
[2] 苏雪林.苏雪林自传.南京：江苏文艺出版社，1996：197.

骗的是她自己。然而，我必须说，我被这谎言迷住了。就算已经知道背后的种种，我还会一如既往、心甘情愿地被迷住。

在寂寞中修行

往往是寂寞痛苦，而不是快乐幸福更能成为灵感的源泉、杰作的催生婆，这已经被无数事实证明了。当我读的书越多，这种感触就越深。苏雪林是寂寞的，也是成就斐然的。晚年她回顾这段感情时，用了两个字：感谢。无独有偶，叶芝去世后，毛特·冈说：这个世界会因我没有嫁给他而感谢我。爱而不得的痛苦成就了叶芝这位伟大的诗人，没有爱情的寂寞同样成全了苏雪林这样一棵文坛常青树。然而，细细品之，"感谢"二字背后似乎隐藏着难以名状的东西。是无奈？是苍凉？还是沧海桑田之后的淡然？作为局外人就不得而知了。

看苏雪林的生平，有这么一段令人震惊的描述：创作生涯70年，出版著作40部。作品涵盖小说、散文、戏剧、文艺批评，形式多样、内容广泛，天文、地理、科学、历史、风土人情、自然风光、山川河流、月夜星空，全部囊括其中。在中国古代文学和现当代文学研究中成绩卓著。文学作品有散文集《绿天》《青鸟集》《屠龙集》，长篇小说《棘心》，小说集《蝉蜕集》，传记作品《南明忠烈传》等。学术著作的代表作品有《玉溪诗谜》《唐诗概论》《屈赋新探》。

她的学术研究，重在考据。我很难想象，一个如此灵性多才的女子，常年埋首于故纸堆是何等情景。她在《谈写作的乐趣》一文中说："这一类心灵探险时沿途所拾摄的奇珍异宝，令人精神鼓舞，勇气倍增，觉得为这个研究牺牲一切都是值得的。而且这种写作的乐趣，真是南面王不易也！"[1] 换言之，多年来枯燥、乏味的考据，令她得到了比写作还大的满足。她说"这是一种发现的满足"。我远没有到那样的境界，恐怕永远也到不了。所以，很难从感性上理解这种"发现的满足"。只是希望，这种说法不再是"美丽的谎言"。

也许有一个证据可以说明，她对学术研究确实甘之若饴。她在《灌园生活的回忆》中写道：我本是一个用脑的人，忽然改而用手；又是一个一向安坐书斋的人，忽然跑到土地里去，生活完全改变，觉得别有一番从未尝过的新鲜滋味，于是兴趣大为浓厚。这是抗战期间一段艰苦却不失乐趣的生活。她利用屋边两亩左右的空闲土地种菜、栽瓜，自己买了锄头、镰刀、扁担，肩挑、手搬、挖地、松土、播种、施肥、锄草，终于开出了一片菜园。她种芥菜种类繁多，长势良好，此外，还种了莴苣、苋菜、萝卜、番茄和葱、蒜。

或许，对她的单调生活而言，这无论如何都是有趣的

---

[1] 苏雪林.苏雪林选集.合肥：安徽文艺出版社，1989：132.

啊。然而她后来却说：我那时脑力在一生中为最强，若专心研究学问，也许可以获得几种专门知识；若全力来写作，两年内也许可以写出二三十万字的文章，但因为我的愚妄无知，太受兴趣的支配，把大好的光阴精力都白费了。

敬佩她的治学精神，然而，生活难道只是做学问吗？那个曾经灵性的女子到哪里去了呀？所以，我说她是矛盾的。或者，做学问也有不自觉的疗伤的目的在里面？这么想，太牵强了吧？不过这念头确实闪了一下。人生每一个阶段的想法和追求不同，可学问绝不等于生活本身。我感到有点惋惜，替她。是我浅薄吗？没追求吗？或许吧。

我只看过她的几篇作品，大多还是早期的，也仅是有感而发，以后也不见得会花太多功夫看其他的。欣赏她能把文字写成画一样的本领，自然她的绘画本身就颇有造诣。《绿天》是一定会收藏的，时不时翻来看看，我喜欢它的美丽，至于"谎言"，其实与我何干呢？

张幼仪 / 失去的婚姻成就了她

【张幼仪小像】

1900年,张幼仪出生于江苏宝山。父亲张祖泽是宝山县的医生,家有八子四女,张幼仪排行第八,为次女。1912年,张幼仪就读于"江苏省立第二女子师范学校"。1915年,张幼仪辍学嫁给徐志摩,替她做媒的是四哥张嘉璈。时任浙江都督秘书的张嘉璈在巡视学校时发现了才华横溢的徐志摩。徐志摩当时对这场婚姻的态度是"媒妁之命,受之于父母"。

1918年,张幼仪生长子阿欢,徐志摩留洋。1920年,徐志摩被迫把张幼仪接到身边,当时他正沉迷于对林徽因的热恋。1922年,徐志摩不顾张幼仪刚刚生下次子彼得,执意离婚,张幼仪毅然同意,这是中国历史上依据"民法"的第一桩西式文明离婚案。欣喜万分的徐志摩终于有心情去看了儿子,但并没有问孩子怎么办,如何抚养。

离婚后,张幼仪到巴黎投靠二哥张君劢,并随其去了德国,攻读幼儿教育。1925年次子彼得夭折,1926年张幼仪回上海,不久带长子阿欢去北京读书,直到母亲去世,张幼仪携子回到上海。张幼仪先在"东吴大学"教授德语,后来在时任"中国银行"副总裁的四哥张嘉璈的支持下出任"上海女子商业储蓄银行"副总裁。与此同时,八弟张禹九与朋友共同出资开办"云裳服装公司",张幼仪出任公司总经理。1934年,她应邀管理二哥张君劢主持成立的"国家社会党"财务,就这样,张幼仪一步步转型成独当一面的职业女性。

1949年,张幼仪赴香港。1953年,张幼仪在香港与中医苏纪之结婚。婚前她写信征求哥哥们和儿子阿欢的意见。儿子回信说:"母孀居守节,逾三十年,生我抚我,鞠我育我……综母生平,殊少欢愉,母职已尽,母心宜慰,谁慰母氏?谁伴母氏?母如得人,儿请父事。"

1967年,67岁的张幼仪和苏纪之相伴重游英德。

1972年,张幼仪赴美,跟儿孙们生活在一起。晚年的她每天七点半起床,做45分钟体操,喜欢看报,上一些老年课程,偶尔打打麻将,准许自己一年有两百美金的输赢。

1988年,张幼仪病逝于纽约。

提起张幼仪，人们总会首先想到在徐志摩那场风花雪月中隐忍退让的女人，而不是上海女子商业储蓄银行副总裁、云裳服装公司的总经理，也许这就是男权社会惯有的思维方式，女人必须通过与之相关的男人被标识和定位。然而，恰恰是失去的婚姻成就了她后来的事业，经历了婚变的张幼仪在兄长们的鼓励、支持下自立自强，成为民国商界女强人，历史由此记住了这个与众不同的女人的名字，而不只是众多贤妻良母中的又一个符号——徐氏夫人。

小脚与西服

张幼仪1900年出生在江苏宝山的一个大家庭中，祖父是清朝知县，父亲是当时宝山县一个口碑很好的医生。她的二哥张君劢（嘉森），是中国现代史上颇有影响的政治家和哲学家，国家社会党创立者。四哥张公权（嘉璈），是中国银行副总裁，著名的银行家。1912年7月，江苏都督程德全在苏州创立"江苏省立第二女子师范学校"，12岁的张幼仪在两个哥哥的帮助下到该学校读书，在此接受了最初的新式教育。

二哥和四哥在张幼仪的一生中影响至深。她说："他们两个都以自己的方式在我一生当中给我关怀……四哥为我挑了个博学的丈夫，在我不同的人生阶段里指点我，怎么样在人前有得体的行为举止；他总是关心外人怎么看我。二哥却教我不论外在的行为如何，都要尊重自己内在的感受，这点和家里任何人都不一样。"[①]张幼仪的人生就是在这样的双重影响下走过的，传统女性的沉默坚忍、三从四德和新女性的独立自强、精明干练在她身上兼而有之，新旧杂陈的时代促成了小脚和西服的相遇。

四哥给她挑的博学的丈夫，就是徐志摩。徐家当时已是江南富商，和张家正是门当户对，15岁的张幼仪就此辍学嫁到徐家做了少奶奶。其实，张幼仪并没有裹小脚，嫁到徐家后，她遵从一切传统规范，足不出户、料理家务、养育孩子、照顾公婆，在丈夫徐志摩看来，这些"思想的裹脚布"，他打心眼里厌恶。事实上，徐志摩第一次见到张幼仪的照片时，就曾嫌弃她是个"乡下土包子"。可是，他当时并没有反抗父母之命，或许是因为还没有碰见让他勇敢起来的人。成婚那天，也是他们第一次见面，张幼仪希望他对自己笑一笑，可是他的眼神始终很严肃。当洞房只剩下两个人，徐志摩似乎也有所期待。她很想跟他说说话，大声感谢命运的安排。可是，"正当的做法是由他先向我开口，所以我就等在那儿。当时的我年轻又胆怯，也许一个新式女子会在这个时候开口，一对新人就此展开洞房花烛夜。可是徐志摩一句话都

[①] [美]张邦梅.小脚与西服——张幼仪与徐志摩的家变.谭家瑜，译.合肥：黄山书社，2011：14.

没对我说，所以我也没回答他。我们之间的沉默就从那一夜开始。"①

刚结婚几个星期，徐志摩就离家求学去了。每逢放假回家，除了履行最基本的夫妻义务之外，他对张幼仪不理不睬。有时候，他们一起坐在院子里，他伸着腿坐在长椅上读书，她在一旁缝东西。他有事总是叫佣人们去做，他们从不交谈，他也从不正眼瞧她，他的眼光只是从她身上掠过，就像她根本不存在。用今天的话说，这就是家庭冷暴力。可是，那会儿没有这样的观念。她以为，男人不理你，总归是你不好。而且，她太规矩了，她所接受的教育没有告诉他如何与丈夫沟通，表达自己的感情。他不想跟她说话，她也就好几天不言不语。她越这样，丈夫越觉得她沉闷、无趣。其实，她的本性不是这样的，在娘家时，她跟哥哥们可以自由交谈，她也是出门读过书的。结婚后她曾想继续读书，但只是想想罢了，她被各种规矩困住，不敢提这样的要求。而徐志摩既没有兴趣、更不可能帮助她成为一个他喜欢的新女性，他从一开始就没看上她。

---

① [美]张邦梅. 小脚与西服——张幼仪与徐志摩的家变. 谭家瑜，译. 合肥：黄山书社. 2011：81.

离婚与蜕变

张幼仪将自己的一生分为"去德国前"和"去德国后"——去德国以前,凡事都怕;到了德国以后,变得一无所惧。1920年,公婆决定让她去法国跟徐志摩团聚,因为徐志摩放弃在哥伦比亚大学的博士学业跑去欧洲,他们怀疑徐志摩出了问题,需要张幼仪去提醒他对家里的责任。张幼仪这么描述他们在马赛港的相见:"我看到徐志摩站在东张西望的人群里,同时心凉了一大截。他穿着一件瘦长的黑色毛大衣,脖子上围了条白色丝质围巾。虽然我从没看过他穿西装的样子,可是我晓得那是他。他的态度我一眼就看得出来,不会搞错,因为他是那堆接船的人当中唯一露出不想在那儿的表情的人。"[1] 在海上待了三个星期,她下船时还感觉地面在晃,如果来接的是疼爱他的男人,怎么都要撒娇一下。然而,因为徐志摩讨厌她的到来,她只能把脸上的急切、快乐和期待统统收藏起来。她说:"在那一刻,我痛恨徐志摩让我变得呆板无趣。和他在一起的时候,情况一直是这样。"[2] 张幼仪至少是在意徐志摩的,所以才会在他面前无所适从。

徐家的怀疑并非空穴来风,徐志摩的确出了问题,他义

---

[1] [美]张邦梅. 小脚与西服——张幼仪与徐志摩的家变. 谭家瑜,译. 合肥:黄山书社. 2011:103.
[2] [美]张邦梅. 小脚与西服——张幼仪与徐志摩的家变. 谭家瑜,译. 合肥:黄山书社. 2011:103.

无反顾地爱上了林徽因。因此，张幼仪在法国一直受到他的冷遇。然而，这并不妨碍他让她再次怀孕。徐志摩知道后，简短地说："把孩子打掉。"张幼仪没想到他会是这种反应，回应说："我听说有人因为打胎死掉了。"徐志摩冷冰冰地回答道："还有人因为火车事故死掉呢，难道你看到人家不坐火车了吗？"[1] 谁能想象这就是那个说着"我是天空里的一片云，偶尔投影在你的波心"的浪漫才子！他在寻找"爱的自由"时，可曾想过毫无过失的张幼仪，孑然一身、孤立无援的难堪？男人的有情与无情就这样分明到令人心悸。

　　1922年，张幼仪生下次子彼得，此时的徐志摩已经抛下她很久都没露面了。孩子还未满月，徐志摩就迫不及待地逼她离婚，因为林徽因要回国了，他必须用自由之身向林徽因表明心迹。当时在场的有他的四个朋友，包括林徽因的另一个爱慕者金岳霖[2]。当张幼仪终于在离婚文件上签字后，徐志摩兴奋地不能自制，"太好了，太好了。你晓得，我们一定要这么做，中国一定要摆脱旧习气。"[3] 多么冠冕堂皇的理由！他的

---

[1] [美]张邦梅. 小脚与西服——张幼仪与徐志摩的家变. 谭家瑜, 译. 合肥：黄山书社. 2011：115.
[2] 金岳霖（1895~1984年），著名哲学家、逻辑学家。北京清华学堂毕业，并先后在宾夕法尼亚大学、哥伦比亚大学学习政治学，获哥伦比亚大学政治学博士学位。后在英、德、法等国留学和从事研究工作，1925年回国。中华人民共和国成立后，历任清华大学哲学系教授、系主任、文学院院长，北京大学哲学系教授、系主任，培养了一大批有较高素养的哲学和逻辑学专门人才。著有《论道》《逻辑》和《知识论》等。
[3] [美]张邦梅. 小脚与西服——张幼仪与徐志摩的家变. 谭家瑜, 译. 合肥：黄山书社. 2011：145.

朋友们挤在他俩身边，都想握徐志摩的手，向他表示祝贺。从朋友的角度看，他是多么可爱的一个人啊，理当获得他想要的自由。胡适说他："为人整个的只是一团同情心，只有一团爱"。[1] 周作人说他："志摩这人很可爱，他有他的主张，有他的派路，或者也许有他的小毛病；但是他的态度和说话总是和蔼率真，令人觉得可亲近。"[2] 林徽因说他："我们生在这没有宗教的时代，徐志摩比我们近情，近理，比我们热诚，比我们天真，比我们对万事万物都更有信仰，对神，对人，对灵，对自然，对艺术！"[3] 他们都是有情人，但无视张幼仪的伤情。

多年后，张幼仪说："他要他的女朋友，所以才这么情急。今天，人家问起我是否认为徐志摩要求离婚是革命性举动时，我回答'不'，因为他有女朋友在先。如果他打从开始，也就是在他告诉我他要成为中国第一个离婚男人的时候，就和我离婚的话，我会认为他是依自己的信念行事，我才会说徐志摩和我离婚是壮举。"[4] 离了婚的张幼仪带着刚出生

---

[1] 转引自 陈明远. 洗尽铅华始见真——民国才女的个性与婚恋. 北京：中央编译出版社，2011：277.
[2] 转引自 陈明远. 洗尽铅华始见真——民国才女的个性与婚恋. 北京：中央编译出版社，2011：278.
[3] 转引自 陈明远. 洗尽铅华始见真——民国才女的个性与婚恋. 北京：中央编译出版社，2011：279.
[4] [美]张邦梅. 小脚与西服——张幼仪与徐志摩的家变. 谭家瑜，译. 合肥：黄山书社. 2011：144.

的孩子投奔了二哥张君劢,并随其去了德国,开始了艰难的新生活。期间不乏波折、困顿,虽有家人、朋友的援助,但旧伤必须自己去抚平、长出新肉的过程也不容易。尤其是儿子彼得的早夭,更是她心里抹不去的痛。终于,她挺过来了,此后一发不可收拾,她先后做了大学教师、银行家、公司经理,乃至"国社党"的执行委员兼财务部长。不能不说,就是在今天,她也算得上勇敢坚强的女人。

新旧之间的挣扎

张幼仪的被遗弃并不是个案。民国初年的知识分子在欧风美雨的浸润下,纷纷以各种姿态告别旧式生活。与媒妁之言的太太离婚(无论她是目不识丁还是知书达理)因此成了那时被津津乐道的时尚,似乎不掺和一下,就有落后的嫌疑了。当然,无独有偶,一些接受了新式教育的知识女性也想尽了法子反抗包办婚姻,"我是我自己的"是那个时代最有号召力的口头禅。说得夸张一些,年轻人们极力想挣脱的首先是旧制度,并不见得就是那个具体的对象。

张幼仪的悲剧在于,当时的中国处在新旧转型期,社会、家庭、男人们都在评价她,但标准却不一样了。她的丈夫思想很开放,但那时的社会大环境还是传统的。她是放了脚的，可丈夫认为那只是身体上的，她的思想还是旧式的，他们不是一个世界的人。但在家里，她的大脚竟又成了被嘲笑的对象，连下人们都在背后嘀嘀咕咕。最初，母亲任凭她撕心裂肺地哭闹，也要给她裹小脚，因为大脚太丑，将来嫁不出去。可二哥坚决反对，认为裹脚摧残身体，一定要母亲把妹妹的裹脚布去掉。她被撕扯着，左右不是。说到底，她是被选择、被评判的，她没有权利决定自己想要什么。

平心而论，反抗旧制度的男人们也有苦衷。只不过相对于男人的新生活，那些被当作旧制度象征的女人们，大多只能在孤独中度过余下的生命，一天又一天，日子循环往复，没有期待，没有希望！只有极少数从离婚中脱胎换骨，张幼仪是这极少数中很幸运的一个。她的幸运当然是自身努力的结果，离婚带给她的屈辱和创伤使她产生了自立自强的内驱力，在德国期间的学习和历练，让她拥有了扎实的本领，也找到了自信。来自家人的支持则让她有了比别人更高的起点。她虽然跟徐志摩离婚了，但徐家仍然承认这个儿媳妇，公公徐申如把上海的一处房产送给她，让她衣食无忧。四哥张嘉璈的中国银行副总裁身份足以支持她出任上海女子商业储蓄银行副总裁。八弟张禹九出资与唐瑛等人合作经营的云裳服装公司，她出任总经理也是顺理成章，据说徐志摩也是该公司的出资人之一。

1926年，张幼仪以一位干练的现代女性面孔出现在徐志摩面前，从此她赢得了他的尊重。他在写给陆小曼的信中说："C（Chang张幼仪）是个有志气有胆量的女子……她现在真是'什么都不怕'。"[①] 她真的什么都不怕了吗？1953年，张幼仪在香港与邻居中医苏纪之结婚。婚前，她写信给哥哥们，因为她什么事都征求他们的意见。四哥从澳洲写信说："让我考虑考虑。"二哥头天发电报说"好"，第二天又改口说"不好"。她也征询了儿子的看法，因为她觉得自己是个寡妇，理应听儿子的话。她有她的难处，"中国人有种想法，认为一个孀居的女人不应该再婚，因为这会让娘家失面子。可是徐志摩早在他遇难前就和我离婚了，所以我觉得假如我再婚的话，并不会让家人蒙羞。"[②]

人终究很难摆脱渗透到骨子里的观念。也许离婚后的她只是不想沉沦，并没有怀抱什么高远之志，也许她做的很多事是遵从善良的本性及传统的规约。从德国回来后，她和徐家二老依然相处融洽，并以义女的身份照顾他们。至于徐志摩，她也能够平静地交往，并没有反目成仇，人们据此推定她一直是爱徐志摩的。对此，她说："你总是问我，爱不爱徐志摩。你晓得，我没办法回答这个问题。我对这个问题很迷惑，因为每个人总是告诉我，我为徐志摩做了这么多事，我一定是爱他的。可是我没办法说什么叫爱，我这辈子没跟什么人说过'我

---

① 转引自 陈明远. 洗尽铅华始见真——民国才女的个性与婚恋. 北京：中央编译出版社，2011：181.
② [美]张邦梅. 小脚与西服——张幼仪与徐志摩的家变. 谭家瑜，译. 合肥：黄山书社. 2011：206.

爱你'。如果照顾徐志摩和他家人叫作爱的话,那我大概爱他吧。在他一生当中遇到的几个女人里面,说不定我最爱他。"①

其实,我更希望张幼仪说的是:"为什么我一定要爱他呢?难道只是因为爱他才让我做出了日后那些事吗?"说到底,人们的这种推因似乎还是源于"男人是女人的全部"这样一个隐性前提。也许即使没有离婚的诱因,她也可能成为那个时代的杰出女性。谁知道呢?已经发生的事没法假设,但我却愿意在想象中任意驰骋,历史的魅力与我正在于此。

---

① [美]张邦梅. 小脚与西服——张幼仪与徐志摩的家变. 谭家瑜,译. 合肥:黄山书社. 2011:209.

毛彦文 / 与香山慈幼院的半生缘

【毛彦文小像】

1898年,毛彦文出生于浙江省江山县城的一个乡绅之家,7岁入家塾启蒙。1913年被保送入"杭州女子师范学校"。1916年入浙江"吴兴湖郡女校",毕业后以浙江省第一名的成绩考入"北京女子高等师范学校"英文系。1922年,毛彦文被推选为女权运动同盟会浙江支会临时主席。同年,转学至南京"金陵女子大学"。

毛彦文的青少年时代,正值五四新文化运动前后,解放女性成为反抗旧制度的重要一环。16岁那年,毛彦文成功上演了一出逃婚记。她之所以如此勇敢地出走,除了时代因素,更重要的是,新生活的那一头,有她的表哥朱君毅。然而,这一对自由恋爱的新青年最终却演绎了从青梅竹马到解除婚约再到形同陌路的悲剧。毛彦文一生都没有彻底摆脱朱君毅带给她的情伤。

1929年,毛彦文赴美国密歇根大学攻读教育行政与社会学,两年后获教育学硕士学位,并到欧洲游历,回国后,任暨南大学、复旦大学教育系教授。在那几年里,吴宓苦苦追求毛彦文,为她写下了大量的文字,甚至抛妻离子。无奈落花有意流水无情，毛彦文甚至不肯承认1931年的欧洲游历有吴宓同行且一起回国。

1935年是毛彦文一生的重要转折点。那一年，心如止水的她终于接受了民国前国务总理熊希龄的求婚。因双方年龄、身份相差悬殊，毛彦文一度颇为踌躇。结婚后，她辞去大学教职，协助丈夫开展慈善事业。可惜造化弄人，熊希龄1937年病逝，毛彦文只享受了不到三年的幸福生活。当时正逢抗日战争全面爆发，局势动荡不安，毛彦文再三考虑后，决定出任"北京香山慈幼院"院长，继续丈夫未竟的事业，这一决定影响了她后半生的人生走向。

1939年，毛彦文当选"浙江省参议会参议员"。抗战期间，她千方百计维持香山慈幼院及各地分院，为中国的慈善事业写下了亮丽的一笔。1947年，毛彦文当选"北平市参议员"，同年11月当选"国民大会代表"。

1949年，毛彦文赴台湾。1950年赴美国，先任旧金山《少年中国报》编辑，后任加州大学、华盛顿大学研究员。1962年，回台湾定居，并执教于"实践家政专科学校"。1966年退休，定居台北内湖。

1999年，毛彦文逝世于台北，享年101岁。

毛彦文在90岁高龄时写出自传体回忆录《往事》回顾了自己一生的跌宕起伏。尽管她本人很自谦，把该书喻为平凡人的平凡事，但这本书确实为我辈后人了解中国近代转型期女性的生命历程提供了格外鲜活的素材。

毛彦文生命的华彩乐章，当是她为香山慈幼院倾注的大量心血。香山慈幼院的创办者熊希龄先生曾给毛彦文的一生带去了短暂的亮色及大半生的情感慰藉。

熊希龄先生少年时被称为"湖南神童"，24岁中进士，成为晚清翰林。1913年，他出任民国国务总理，但不到一年便黯然辞职，以后远离政坛。1917年京畿、直隶一带发大水，灾民数百万之众。熊希龄当时居住在天津，通过财政总长梁启超和外交总长汪大燮向当局力陈筹款赈灾，国会却趁机提出条件，要他复出主持赈灾工作。香山慈幼院（以下简称"香慈"）创办的初衷就是安置那些灾后无家可归的孤儿。1920年10月3日，熊希龄利用官款补助和水灾民捐余额建立的香慈正式开院，院址就在香山静宜园内，他是首任院长。1932年，他把自己全部家产共计大洋27.5万余元、白银6.2万两捐给了儿童慈善事业。从建校到1949年迁址，香慈共培养孤寒儿童6000余名。

香慈最为人称道的是它的家庭式教育模式。事实上，香慈既是学校和家庭，又是小社会。孤儿来到这里，若不满1岁，可在婴儿园接受一对一的悉心看护；然后入蒙养园，游乐嬉戏；进而上初小、升高小、入初中、进高中，学习知识。如果急于自立，小学毕业后即可接受师范等多种职业训练。这样的教育模式与熊希龄的教育理念是分不开的。他非常重视家庭教育，认为"家庭教育实造人才之基础"，开院时，他让同学们以兄弟姐妹相称，因为全院是个大家庭。慈幼院收养的多为孤儿,他希望暖抚孤贫儿童的心,使他们能够切实享受到家庭之爱。这样的特色教育,比1949年奥地利出现的首个国际SOS儿童村还早了十几年。20世纪20年代,蒋梦麟、胡适、李大钊、张伯苓等教育家都曾受聘为香慈评议委员,研究教育方式。1926年,香慈制订的教育宗旨为"救济孤贫儿童,施以发达身心之完善教养,以植立德智体群四育之基础,而能独立生计,适应社会需要,以养成健全爱国之国民。"20世纪30年代抗战全面爆发前,香慈已成为集家庭教育、职业教育和生产教育为一体的综合慈善教育机构。

1935年2月9日,毛彦文与熊希龄在上海西藏路慕尔堂举行了婚礼,成为轰动一时的热门新闻。《天津大公报》在结婚消息还未发出就提前报道:"新郎六十六岁,新娘三十三岁",更有宾客喜联如是写:"老夫六六,新妻三三,老夫新妇九十九。白发双双,红颜对对,白发红颜眉齐眉。"对这桩婚事,毛彦文最初很是踌躇,年龄自然是一个因素,更主要的是她早年情伤甚重,对男女之爱几近绝望。然而,熊希龄的追求极其热烈,包括发动了诸多亲朋好友,连长女熊芷都怀着五六个月的身孕找到毛彦文,欢迎她加入熊氏家庭。数月之后,毛彦文答应嫁给熊希龄。关于熊希龄为何执意要娶她,毛彦文在《往事》中说:"秉(指熊希龄)要续弦,多半为慈幼院找继承人,他认为我有协助他办理此事业的能力、热情与爱心,故追求不舍,终达愿望。"① 这并非她的一面之词,《益世报》记者的报道中记载了熊希龄在婚礼当日的致辞:"毛女士曾留学美国,学识、经验俱丰富,尤其挚爱儿童,可协助吾办香山慈幼院……毛女士以理想、职业相同乃允婚。"香慈从一开始就成为连接这对伴侣的重要纽带。

对于这个缘由,毛彦文的态度极坦然:"他既为此属望于我,我便不得不对慈幼院办理情形及有关全院福利加以注意。所以无论秉处理大小院务,我都细心学习,他常对我奖励有加。"② 为了让香慈的毕业生认识毛彦文,熊希龄发起了"回家节",第一次回家节定于1935年7月7日(农历)举行,取牛郎织女相会典故。这一次回家节不但兴建了"思亲舍"作为回院毕业生的临时住所,还邀请了平津国剧名角与票友去演出。各地毕业生携带家眷回家过节,连同在校师生近千人,盛况空前。可惜好景不长,1937年12月25日,熊希龄欲从香港转长沙,主持香山慈幼院分院事宜,不幸病故于香港医院。结婚不到三年,这个毛彦文以为可以"托以终身,不致有中途仳离"的人就突然离她而去。

毛彦文继任了香山慈幼院院长的职务,因为"这样就似乎和先生并不分离"。但她也直率地讲出当年接受职务时的矛盾心情:"聘书送到时,绕室彷徨,不知如何决定。倘接受

---

① 毛彦文.往事.罗久芳、罗久蓉,校订.北京:商务印书馆,2012:74.
② 毛彦文.往事.罗久芳、罗久蓉,校订.北京:商务印书馆,2012:74.

聘书，当时国家正在水深火热中，自己能否活下去，尚不得而知，哪有心情为慈幼院效劳？倘不接受聘书，似有违当年秉与我结婚时的愿望(即秉要找一位能代他继续办理慈幼院的妻子)。几经考虑，为了秉的事业，为了数百名需要扶养的儿童，终于接下这副重担，勉强振作，竭尽所能。"①

毛彦文接替院长职务时北平已动荡不安，香慈本院正常的教学秩序完全被打乱，既缺经费又少粮食，难以为继。1938年6月，她专程到汉口谒见当时的财政部长孔祥熙，争取援助。从1920年起北洋政府财政部每月为香慈补助两万元，从此成为惯例，一直延续到南京国民政府时期，但"卢沟桥事变"后停止发放了。经双方协商，孔祥熙力主维持，因战事所迫，以后财政部给香慈的补助费按月以七折发放，即每月一万四千元。从1937年7月至1938年7月仍按每月两万补发。尽管这对香慈仍是杯水车薪，但毕竟解了燃眉之急，尤其是给了当时并无信心维系的毛彦文以希望，所以她对孔祥熙颇为感激。为了防止再出变故，她当即要求把这笔款分成两份，一份汇北平本院，另一份汇桂林作为分院开办费。

"卢沟桥事变"爆发时，毛彦文和熊希龄在青岛。考虑到北平已在日军势力包围之中，此前日本人也一直在民国政要包括前北洋政府官员中寻求所谓沟通"中日友好"人士，熊希

---

① 毛彦文.往事.罗久芳，罗久蓉，校订.北京：商务印书馆，2012：84.

龄不便回北平主持院务，便委托北平红十字会会长之一的胡恩光先生为代理院长。熊希龄去世后，毛彦文虽经孔祥熙争取了上述款项，但忧虑财政部每月的补助靠不住，她无法维持下去，索性聘请胡恩光为香慈本院院长，全权处理北平院务。毛彦文则开办了香山慈幼院桂林分院、柳州小学分院、芷江香山女中。一介女流，要扛起如此大事，在和平年代也属不易，更何况兵荒马乱之际，当时各分院的开办和维持都遭遇重重困难。

1938年2月，桂林分院幼稚师范正式成立，后又增设了中心幼稚园，用于幼师学生试教及实习。期间由于桂林战事转趋激烈，常遭日本飞机轰炸，幼稚园曾一度疏散至与湖南接壤的三江县古宜乡、后又转至丹州，1942年才重新迁回桂林。好在校舍及设备由当时的"广西省政府"筹措，学生膳宿、交通费、书籍及玩具制造等费用由各县市负担，幼稚园才得以维持。这期间，毛彦文常驻桂林，协助张雪门[①]先后进行了六次招生，在艰难困顿中完成了广西学龄前师资的培育。

几乎同一时期，毛彦文委任香慈师范第三班毕业生雷动为校长，创办香山慈幼院芷江分院附设初级女子中学，简称芷江香山女中。熊希龄幼年时，举家由凤凰迁至芷江。在创办香

---

① 张雪门（1891~1973年），著名幼儿教育专家。张雪门青年时期就对幼儿教育感兴趣，1930年秋，他应北平香山慈幼院院长熊希龄之聘，编辑幼稚师范丛书，并在香山见心斋开办北平幼稚师范学校，任校长。1937年，"卢沟桥事变"后，他与熊希龄商定，将香山慈幼院分院，即北平幼师迁往湖南，后因遇到困难，又决定迁至广西。1938年2月，幼稚师范学校在桂林成立。主要著作有《幼稚园行政》《儿童保育》《幼稚教育》《幼稚园课程活动中心》《幼稚园行为课程》等。

山慈幼院前,他就在芷江办过一个女子织布工厂和一所双陵小学。只因湘西民风未开,女子织布工厂后来被迫停办。想必也是为了完成先生生前未竟之事,毛彦文将此地作为分院之一,校址就是熊希龄的私宅"进士第"。芷江香山女中是湘西唯一的女校,学校主要依靠熊家在芷江的私产收入和有限的一点学田,再就是学生缴纳的极少学杂费,勉强维持。

香山慈幼院柳州小学分院创办初始,困难到几乎维持不下去。恰巧1940年县政府举办学生学业比赛,全县四十多所学校代表参加,柳州小学在五、六年级中各派五名学生参赛,结果名列优等,一时震惊了柳州教育界。当时的柳州县长萧劲华发现香慈小学分院竟然在一座山野破庙里,就协调各方将学校搬进了环境极佳的柳州公园。本来学校只招收孤儿和黔桂边区少数民族的贫苦孩子,那次比赛让很多家长感受到分院小学的优良师资及完善的管理,竟纷纷自费送孩子入学,一时之间学生激增。时任柳州小学分院校长的正是由北平本院调去的张子招先生,他有魄力和眼光,积极向当地政府争取经费,加上地方人士的支持,在柳南立鱼峰与狮子山之间的柳宜公路旁选址建造了占地约五公顷的新校舍,香慈柳州小学分院一跃而成为柳州小学中的翘楚。遗憾的是,1944年爆发了豫湘桂战役,该校毁于日寇的狂轰滥炸中,分院校长张子招先生也病逝于流亡途中。

至于北平香慈总院,毛彦文于1938年底请董事会给胡恩光先生（北平红十字会会长）下聘书，由他担任院长，全权处理院务。抗战期间，香慈教保院、蒙养园及两所小学一直在香山坚持办学，师生共七百余人。老师们还想方设法宣传抗日，教育学生热爱祖国，并带领学生自己开荒种地，喂养牲畜，共度时艰。不少师生先后奔赴抗日前线。

抗日战结束后，毛彦文于1945年10月返回北平主持院务，进行全面的复校工作。香山院址曾被日军占住一部分，破坏严重，到处留下日军的马粪和垃圾，需要大笔款项整理修复。但当时已无政府补助费，此前院办工厂也已停顿。所幸联合国善后救济总署给南京国民政府拨付了救济物资，用于协助修理或重建战时被破坏的学校、工厂及公共设施等，香慈也在被救济之列。当时国民政府在南京设立行政院联合国善后救济总署，在各省市设有分署。毛彦文几乎每日都跑救济分署，争取修理房屋的材料和面粉、奶粉、罐头及衣着等实物配给。但相比于北京大学、清华大学、燕京大学等知名学校，对香慈的救济常常排在后边甚至落空。有一次，听说行政院救济总署副署长蒲薛凤北上视察，她抓住机会跑到北京饭店求见，终于为修复学校赢得了资助，至此香慈各校教学才逐渐走上轨道。

此后很长一段时间，毛彦文为了筹措学校的日常经费，频繁奔走于各金融机关，拜访各方政要，"等于沿门托钵，推送捐薄"，却"干得十分起劲"，希望"从此本院不仅能恢复旧观，且将随时代的前进而更发扬光大，假以时日，仍将为国内唯一规模宏大、办理最完善的慈幼教育机构。"[1]

1949年4月,毛彦文从上海去台湾,当时以为只是暂离,只带了换洗衣服和手头有限的现金,没想到竟从此离开了她倾尽心力的香山慈幼院。后又辗转美国十余年,1961年返台定居。每年7月7日是香慈特有的回家节,毛彦文在台北的家有两间专门为香慈毕业生准备的客房,因为总会有散居各地的香慈毕业生去看望她。回家节,大家便回到她家来过节。在《往事》的结语中,毛彦文再次倾诉:"秉因抗战初期失利,受刺激太深,骤然倒下,弃我而去!这个打击令我全部身心崩溃,刻骨铭心的悲痛,几乎无法承受。也濒临倒下。但猛然忆起对秉尚有替他办香山慈幼院的承诺,故又忍痛坚强地站起来。"[2] 香山慈幼院无疑是她大半生的精神支柱。

如今,香山依旧,慈幼院早已人去楼空。1949年3月,中共中央入住香山后,出借香慈校舍办公,后几经辗转,目前在海淀区阜成路上有一所占地颇大的学校,名为"北京市立新学校",它的前身就是香山慈幼院。

---

[1] 毛彦文.往事.罗久芳,罗久蓉,校订.北京:商务印书馆,2012:104.
[2] 毛彦文.往事.罗久芳,罗久蓉,校订.北京:商务印书馆,2012:168.

杨绛 / 那一份清雅，可遇不可求

杨绛，本名杨季康，祖籍江苏无锡。1911年7月17日出生于北京，后随家人迁居苏州。杨绛的父亲杨荫杭学养深厚，早年留学日本。杨绛在父亲的影响下，从小就喜欢读书。一次父亲问她："阿季，三天不让你看书，你怎么样？"她说："不好过。""一星期不让你看呢？"她答："一星期都白活了。"1928年，杨绛一心要报考清华大学外文系，但因清华不在南方招生，只得转投苏州"东吴大学"。大学期间，杨绛中英文俱佳，是班上的"笔杆子"。

1932年，杨绛大学毕业，同年，借读清华大学。在清华大学借读期间，杨绛认识了钱钟书，两人一见钟情。钱钟书后来曾写诗追忆他见到杨绛的第一印象："颉眼容光忆见初，蔷薇新瓣浸醍醐。不知脑洗儿时面，曾取红花和雪无"。1935年，杨绛与钱钟书结婚，同年夏共赴英国、法国留学。留学期间，杨绛无论在生活上还是学业上，都是钱钟书不可或缺的伴侣。"最才的女，最贤的妻"是钱钟书写给杨绛的"赠语"。

1938年，杨绛、钱钟书带着一岁的女儿钱瑗回国，后历任上海"震旦女子文理学院"外语系教授、清华大学西语系教授。1943~1944年，杨绛的剧本《称心如意》《弄假成真》《游戏人间》等相继在上海公演，剧中语言诙谐幽默，灵动却不浮躁，受到公众好评。

1949年，杨绛夫妇被聘请为清华大学外文系教授。1953年，杨绛任北京大学文学研究所、中国社会科学院外国文学研究所研究员。主要文学作品有《将饮茶》《洗澡》《干校六记》等，以及译著《吉尔·布拉斯》《堂吉诃德》等。

1997年3月4日，杨绛的女儿钱瑗去世。1998年12月19日，丈夫钱钟书去世。2003年，杨绛出版回忆录《我们仨》。这本书最初的设想是一家三口各写一部分，钱瑗写父母，杨绛写父女俩，钱钟书写他眼中的母女俩。但后来钱瑗病重，感觉时日不多，请求由她写《我们仨》，她要把和父母一起生活的点点滴滴写下来，无奈病势汹汹，写了五篇后只得停笔。女儿去世后，杨绛将残稿接手，续写完《我们仨》的故事。

2007年，杨绛出版散文集《走到人生边上——自问自答》，那一年她96岁。晚年的杨绛生活简朴，家里没有专门的书房，但每间屋子都有书柜、书桌。她深居简出却笔耕不辍,谢绝媒体和公众活动,把时间都用在创作上。从2001年起,杨绛将稿费捐给清华大学设立"好读书"奖学金,累计捐款一千多万元。

2016年5月25日,杨绛在北京协和医院病逝,享年105岁。

断断续续读完了杨绛先生写的《我们仨》，正逢窗外大雨夹杂着电闪雷鸣，是那种北方夏季夜晚常有的雷阵雨。本以为伴着这样的天气，《我们仨》又是伤逝、悼亡之作，我的阅读体验会是伤感的，然而却没有。杨绛在书中引用"世间好物不坚牢，彩云易散琉璃脆"来表达对亲人离世的无尽伤痛，但字里行间的情感流露则是收敛、克制的。正因为如此，那些藏在文字背后的追忆、感怀及依恋，反而格外清晰可见，有了直抵内心的力量。所谓真实素朴的，是最打动人的。

记得第一次看到她和钱钟书先生的一张合影时，是被深深震撼的。照片的背景是一面灰墙，两位古稀老人，那么自然宁静，浑然一体！脸上带着与世无争、清浅的笑。无独有偶，《我们仨》收录了20世纪30年代他们在牛津的一张合影，据杨绛回忆，那是1936年冬天，钱钟书的堂弟钱钟韩到牛津小住时，在牛津大学公园的桥下为他俩拍摄的。那一年，钱钟书26岁，杨绛25岁，清朗俊逸的气质同样令人难忘。而《走到人生边上——自问自答》所附的杨绛百岁近照，通透、温润，就像下午四五点钟的太阳，依然温暖明亮，却毫不刺眼。

他们那一代知识分子，一生饱尝战乱之苦、亲人离散以及历次政治运动的冲击。日寇轰炸苏州时，杨绛的母亲病逝于避难地，姑姑杨荫榆被日本人枪杀；晚年时，唯一的女儿钱瑗身患绝症，白发人送黑发人。人生无常，总有人力无法掌控的灾祸与挫折。然而，无论是著述畅销，被人广为传诵的"风光"日子；还是流放干校，被剃成阴阳头拉去陪斗的黯淡岁月，他们终其一生，都保持了超然物外、宠辱不惊的气度。读书、著述、与亲人相濡以沫，这是他们选择与安守的生活方式。无欲无求使他们远离了世俗的明争暗斗，与书相伴又造就了他们自内而外的清雅睿智。因为忠于自己的内心，所以自足圆满。

那一份清雅首先出自家庭的熏陶。杨绛的父亲杨荫杭青年时留学日本早稻田大学和美国宾夕法尼亚大学，是民国初年著名法学家，做过京师高等检察厅长，因审理受贿高官而被停职，后辞职回乡任律师，却因耿介刚直，常常忘记自己的律师身份。杨绛的母亲是相夫教子的旧式女子，对家人敦厚温良。最难得的是，她的父母无话不谈。母亲的卧房和父亲的卧房相连，中间隔着一个永远不关的小门。父亲把每一件受理的案子都详细向母亲叙述，他们俩一起分析，一起议论。他们谈的话很多，"过去的、当前的，有关自己的，有关亲戚朋友的，可笑的，可恨的，可气的……他们有时嘲笑，有时感慨，有时自我检讨，有时总结经验。两人一生中长河一般的对话，听来好像阅读拉布吕耶尔《人性与世态》。"[1] 年幼的杨绛有时听不懂父母在说什么，但他们对待彼此的态度怕是耳濡目染影响了她。多年后，她和钱钟书既是夫妻，更是知己。

---

[1] 杨绛.将饮茶.北京：生活·读书·新知三联书店，1987：5.

父亲反对置家产，因为经营家产耗费精力，也会让子女成为废物，不图上进。他只教育孩子们能够自立。假如孩子们对某一件东西非常艳羡，父亲常说的只有一句话，世界上的好东西多着呢，意思是让孩子们自己争取。杨绛16岁那年，正念高中。那时的学生运动很多，有一次她被推选在街上向行人演讲。因为脸皮薄、胆怯，她向父亲求救，希望以"家里不赞成"为理由拒绝演讲。但父亲告诉她："你不肯，就别去，不用借爸爸来挡……你有理，也可以说。去不去在你……你知道林肯说的一句话吗？Dare to say no！你敢吗？"[①] 做一个自立、有主见的人，这是父亲给他们的教诲。考大学的时候，杨绛问父亲她"该"学什么？她以为这个"该"就是指有益于人，否则岂不是白活一辈子？父亲却告诉她，没什么该不该，最喜欢什么，就学什么。喜欢的就是性之所近，就是自己最相宜的。杨绛最终从事文学事业并成为著名的作家、戏剧家、翻译家，的确就像父亲说的，最喜欢的就是最适合的。

那一份清雅还需要彼此的成全。1932年3月，杨绛在清华第一次见到钱钟书，匆忙间只打了招呼，并未多聊。但杨绛觉得这个瘦书生眉宇间"蔚然而深秀"，而钱钟书则直接写信约她见面，见面第一句话他就忙不迭表明自己没有订婚，杨绛也随即说自己没有男朋友。偶然的相遇成就了一生相濡以沫的传奇。1946年4月，钱钟书出版了短篇小说《人·兽·鬼》，

---

① 杨绛.将饮茶.北京：生活·读书·新知三联书店，1987：42.

是抗战胜利后他出版的第一个集子,在两人同存的样书上,钱钟书写道——赠予杨季康,绝无仅有的结合了各不相容的三者:妻子、情人、朋友。这恐怕是人世间最极致的赞美了吧。事实上,这本集子能够顺利出版,是因为杨绛在战火仓皇中费尽心思,分藏两处保存下来了手稿。她这么做,并不仅仅是出于做妻子的职责,更因为她发自内心地喜欢看。

钱钟书写《围城》时,每天晚上都会把写成的稿子给杨绛看,急切地瞧她有怎样的反应。她笑,他也笑;她大笑,他也大笑。有时她放下稿子,他们相对大笑,因为笑的不仅是书上的事,还有书外的事。不用说明笑什么,彼此心照不宣。钱钟书选注宋诗,杨绛自告奋勇充当白居易的"老妪",如果她读不懂,他就要补充注释。钱钟书在清华读书时就定下了一生做学问的志向,杨绛也是毕生寄情于书斋。他们在牛津留学时,夫妻俩年终总结和比赛的,是各人的读书数量。后来有了女儿圆圆,一家三口的生活常态就是各守一方小天地,在书海中肆意遨游。

其实,杨绛比钱钟书成名早。他们留学回国后困居上海时期,杨绛为养家糊口做过家庭教师、小学老师、中学校长,还要承担各种家务活,并在忙碌的间隙写成话剧《称心如意》《弄假成真》《游戏人间》等。喜剧《称心如意》在上海公演时,场内笑声不断,报上好评如潮,那时别人介绍钱钟书,只说是"杨绛的丈夫"。对此杨绛却不以为意,照样洗衣做饭，充当家里的顶梁柱，把时间留给钱钟书专心著述。哪怕生活境况再糟糕，他们都能找到属于自己的乐趣并甘之若饴。她后来写的《将饮茶》《干校六记》等同样带着缄默的智慧，行文简洁干净，本色中透着练达。经历过那么多的磨难，她留给世人的文字是从容的接纳，是清透的了悟。

杨绛写钱钟书的"痴"和对她的依赖，话里话外都带着欢喜甚至宠溺。"他穿内衣或套脖的毛衣，往往前后颠倒，衣服套在脖子上只顾前后掉转，结果还是前后颠倒了。"[1] "我们在牛津时，他午睡，我临帖，可是一个人写写字困上来，便睡着了。他醒来见我睡了，就饱蘸浓墨，想给我画个花脸。可是他刚落笔我就醒了。他没想到我的脸皮比宣纸还吃墨，以后他不再恶作剧，只给我画了一幅肖像，上面再添上眼镜和胡子，聊以过瘾。……他逗女儿玩，每天临睡在她被窝里埋置'地雷'，埋得一层深入一层，把大大小小的各种玩具、镜子、刷子、甚至砚台或大把的毛笔都埋进去，等女儿惊叫，他就得意大乐。"[2] 杨绛生产时，钱钟书去产房探望，常常苦着脸对她诉苦，因为他做坏事了，打翻了墨水瓶，把房东家的桌布染了，把台灯砸了，把门轴弄坏了。杨绛的口头禅总是："不要紧，我会洗。""不要紧，我会修。"她说"不要紧"，他真的就放心了。因为他很相信她说的"不要紧"。从

---

[1] 杨绛.将饮茶.北京：生活·读书·新知三联书店，1987：127.
[2] 杨绛.将饮茶.北京：生活·读书·新知三联书店，1987：133-134.

产房回家,她果然都修好了,而且还收获了惊喜。"他炖了鸡汤,还剥了碧绿的嫩蚕豆瓣,煮在汤里,盛在碗里,端给我吃。钱家的人若是知道他们的'大阿官'能这般伺候产妇,不知该多么惊奇。"① 杨绛多容易满足啊,因为她懂得他的好。

那一份清雅更是洞察世事后的坚守与豁达。1966年"文革"开始后,他们都成为被"揪出来"的一伙,杨绛被安排打扫女厕所,钱钟书负责扫单位的院子。每天上班后,身上必须挂牌,牌上写明身份和自己招认并经群众审定的罪状。他们就在晚饭后认认真真做牌子,像小学生做手工那样,"外文所规定牌子圆形,白底黑字。文学所规定牌子长方形,黑底白字。我给默存(钱钟书)找出一块长方的小木片,自己用大碗扣在硬纸上画了个圆圈剪下,两人各按规定,精工巧制;做好了牌子,工楷写上自己一款款罪名,然后穿上绳子,各自挂在胸前,互相鉴赏。我们都好像阿丽思梦游奇境,不禁引用阿丽思的名言:'curiouser and curiouser!'"② 大多数人碰到这样的事,至少会忧心忡忡或者想不通吧,他们竟然还能带着赏玩的心态,这让我想起陈独秀写给刘海粟的联语"行无愧怍心常坦,身处艰难气若虹"。

至于打扫厕所,杨绛做的更是无可挑剔,她"置备了几件有用的工具,如小铲子,小刀子,又用竹筷和布条做了一个

---

① 杨绛.我们仨.北京:生活·读书·新知三联书店,2003:87-88.
② 杨绛.将饮茶.北京:生活·读书·新知三联书店,1987:143.

小拖把，还带些去污粉、肥皂、毛巾之类和大小两个盆儿，放在厕所里。不出十天，两个斑驳陆离的磁坑、一个污垢重重的洗手瓷盆，和厕所的门窗板壁都擦洗得焕然一新。瓷坑和瓷盆原是上好的白瓷制成，铲刮掉多年积污，虽有破缺，仍然雪白锃亮。"[1] 对别人的夸赞，她直言不讳地说："不是为了荣誉或'热爱劳动'，我只是怕脏怕臭，而且也没有别的事可做。"[2] 她并不缺乏洞悉人情世故的聪慧，只是更愿意保持纯良雅正的天性，不随波逐流。

杨绛笔下还写过一些骑士和"披着狼皮的羊"。在她被打成"牛鬼蛇神"的日子里，他们有的在背人的地方，悄悄慰问一声"还行吗？"或"顶得住吗？"有的只是对她做了个富有同情的鬼脸，然后相视而笑。有的则帮她讨回了视为性命的《堂吉诃德》译稿，因为只有一份，没留底稿。还有的睁一只眼闭一只眼，明知她请假的理由很牵强，仍然准假，让她偷得一日半日的清闲，在家整理休息。个别有胆量的革命女同志，还请她去办公室休息，尽管并不和她交谈，也不表示任何态度，但每天都让她在自己屋里睡午觉。在被下放干校的日子里，还有不少这样"披着狼皮的羊"给他们温暖和关照。杨绛用"乌云的金边"来比喻："丙午丁未年同遭大劫的人，如果经过不同程度的摧残和折磨，彼此间加深了一点了解，滋生

---

[1] 杨绛.将饮茶.北京：生活·读书·新知三联书店，1987：152-153.
[2] 杨绛.将饮茶.北京：生活·读书·新知三联书店，1987：153.

了一点同情和友情,就该算是那一片乌云的银边或竟是金边吧?——因为乌云愈是厚密,银色会变为金色。"[1] 对这些人的感激,远远超过了她对许多人、许多事的恼怒和失望,也让那段岁月在她的人生里有了别样的意义:"乌云蔽天的岁月是不堪回首的,可是停留在我记忆里不易磨灭的,倒是那一道含蕴着光和热的金边。"[2]

---

[1] 杨绛.将饮茶.北京:生活·读书·新知三联书店,1987:181-182.
[2] 杨绛.将饮茶.北京:生活·读书·新知三联书店,1987:182.

萧红 / 脱序的人生，不甘的心

萧红原名张乃莹，笔名萧红、悄吟等，1911年6月，出生于黑龙江呼兰一个地主家庭。萧红幼年丧母，父亲性格暴戾，只有年迈的祖父给过她些许温暖。祖父以古诗为主的启蒙教育，给萧红从小打下较好的文学基础。同时，早年的家庭环境也影响了萧红性格中孤独、敏感而又倔强一面的形成。

1926年，萧红小学毕业，因父亲阻挠、逼婚而辍学在家。经过一年的抗争，1927年秋，萧红考入"哈尔滨市东省特别区区立第一女子中学"，在校期间，她广泛阅读中外文学作品，并在校刊上发表署名悄吟的抒情诗。1930年秋，萧红初中毕业后逃婚到北平，进入"女师大附中"读书。1931年2月初，萧红因生活困难离开北平返回呼兰，后随家搬到阿城福昌号屯，被迫与外界隔绝。

1931年10月，萧红从阿城逃到哈尔滨，走投无路之下与之前逃婚的未婚夫王恩甲同居。后来萧红有了身孕，王恩甲却不知去向。困居旅馆的萧红写信向哈尔滨《国际协报》副刊编辑裴馨园求助，裴馨园委托青年作家萧军去探望，二萧由此结识并互生好感。后二萧终于生活在了一起，萧红的孩子出生后则因无力抚养而送人。在萧军的影响下，萧红开始从事文学创作。1933年10月，萧红与萧军合著的小说散文集《跋涉》在哈尔滨出版。萧红署名悄吟，萧军署名三郎。

1934年10月，萧红与萧军辗转到上海，在生活和写作上都得到鲁迅先生的帮助。1935年12月，萧红的中篇小说《生死场》在上海出版，引起文坛轰动，萧红成为一颗闪亮的文学新星。鲁迅先生称赞萧红有"女性作品的细致的观察和越轨的笔致"，是很有潜力的作家。那时，萧红经常到鲁迅先生家拜访，感受到了鲁迅先生祖父般的关怀与温暖。然而，好景不长，萧红和萧军的感情出现了裂痕。1936年7月，为了缓解矛盾，萧红只身东渡日本，期间写出了《红的果园》《孤独的生活》《王四的故事》《牛车上》《家族以外的人》，以及诗歌《沙粒》等作品，在国内一些刊物上发表。

1937年1月，萧红回国。9月，萧红、萧军与上海的一些文化人撤往武汉，在武汉结识了东北籍作家端木蕻良。他们与从东北各地流亡到武汉的舒群、白朗、罗烽、孔罗荪等青年作家一起投身抗战文艺活动，并在武汉形成了一个很有影响的东北作家群。1938年1月，萧红、萧军离开武汉到山西临汾民族大学任教。2月，萧红、端木蕻良随丁玲率领的西北战地服务团到了西安。萧红、萧军在西安正式分手，当时萧红已经怀孕。

1938年4月，萧红与端木蕻良一起回到武汉，5月，他们在武汉结婚。1938年底，萧红在四川江津白朗家生下一子，孩子出生不久即夭折。1939年1月，萧红回到重庆，应邀写了《记我们的导师》《记忆中的鲁迅先生》《鲁迅先生生活散记》《鲁迅先生生活忆略》等纪念鲁迅先生的文章。

1940年1月，萧红随端木蕻良离开重庆，飞抵香港。12月完成了长篇小说《呼兰河传》。之后萧红在香港还写出了长篇小说《马伯乐》、小说《后花园》，散文《小城三月》《北中国》《骨架与灵魂》《给流亡异地的东北同胞书》《九一八致弟弟书》等作品。

1941年4月，萧红检查出患有肺结核。1942年1月，日军占领香港，萧红病情加重，被庸医误诊而错动喉管手术，身体衰弱。1月22日，萧红病逝于香港，年仅31岁。

说到萧红，自然要从她和萧军的传奇相识开始。1932年，萧红与未婚夫同居于哈尔滨的一家旅店，欠下巨额费用后，未婚夫不辞而别，店老板扬言要卖了她抵债。大腹便便的萧红在危急中写信给《国际协报》副刊编辑裴馨园求助，萧军受托前往探望，两个文学青年一见钟情。后恰逢哈尔滨洪水肆虐，混乱之中萧军租了一条小船接萧红逃离，成就了一段英雄救美的佳话。在萧红眼里，萧军骁勇威猛，极有思想；在萧军眼里，萧红孱弱无依，富有才华。他们相爱了，萧红带着身孕跟萧军生活在一起，后来萧红生的孩子，因无力抚养而送人。他们决定改用一个相同的姓，萧红用火烧云的颜色做自己的名字。然而，火烧云固然美，也是易逝的。

最初的日子是贫穷也是快乐的。萧红在《饿》一文中特别写实地描述了在饥饿面前的心理感受："'列巴圈'对门就挂着，东隔壁也挂着，西隔壁也挂着。天快亮了！牛奶瓶的乳白色看得真真切切，'列巴圈'比每天也大了些，结果什么也没有去拿，我心里发烧，耳朵也热了一阵，立刻想到这是'偷'……我抱紧胸膛，把头也挂到胸口，向我自己心说，我饿呀！不是'偷'呀……我拿什么来喂肚子呢？桌子可以吃吗？草褥子可以吃吗？"[1] 好在感情炽烈时，爱也是可以充饥的吧。偶尔他们会在小饭馆奢侈一回，馒头、小菜、丸子汤，再买两颗糖，一人一颗，甜甜蜜蜜相伴而行。当时二人看

---

[1] 兰云月.民国才女美文集（银卷）.北京：燕山出版社，1995：129-130.

上去格外引人注目，萧军脖子上系着蝴蝶结，手里拿了个三角琴，边走边弹。萧红穿着花短褂和一条女中学生常穿的黑裙子，脚上是尖头皮鞋。他们边走边唱，像流浪艺人。他们一起游泳、划船、溜冰，萧军带着她接触左翼文化人并开始写作。

1935年，在鲁迅先生的鼎力相助下，萧军的《八月的乡村》和萧红的《生死场》出版后销售得很好，他们终于度过了最初的窘迫与困顿，生活暂时无忧了。然而，裂隙也开始悄悄滋生了。胡风的妻子梅志在《爱的悲剧——忆萧红》中曾提到1936年夏天她在鲁迅先生家里碰到萧红的情形，萧红一副心不在焉的样子，形容憔悴，脸都像拉长了，脸色也苍白得发青。那时鲁迅先生身体很弱，许广平家事繁杂，忍不住向梅志诉苦，"她天天来，一坐就是半天，我哪有时间陪她，只好叫海婴去陪她。我知道，她也苦恼得很……她痛苦、她寂寞。没地方去就跑到这儿来，我能向她表示不高兴，不欢迎吗？唉！真没办法。"[①] 萧红的痛苦出自她和萧军的关系危机，这危机是双重的，有性格上的原因，也有文学观念的差异。

萧红的性格率真、倔强，也是脆弱而敏感的，这跟她早年的生活境况有关。她幼年丧母，又因是女孩而备受父亲冷落。在她眼里，父亲常常为着贪婪而失掉了人性，对她及家人吝啬而疏远，甚至于无情，只有年迈的祖父给了她几许难得

---

① 王观泉. 怀念萧红. 北京：东方出版社，2011：98.

的温暖。她在《永远的憧憬和追求》中饱含深情地回忆了祖父，"每每在大雪中的黄昏里，围着祖父，听着祖父读着诗篇，看着祖父读着诗篇时微红的嘴唇……从祖父那里，知道了人生除掉冰冷和憎恶外，还有温暖和爱。"[①] 然而，正是父亲和祖父带给她的截然不同的情感体验，让她在日后的两性关系中始终像一个长不大的孩子，她渴望得到的是相依为命式的关爱和照顾。她的男人们，几乎都是在她彷徨无措时拯救了她，不管是拯救她的身体，还是拯救她的情感。然而，这样的关系注定是不平等的。

据说，当时有人看见萧红和萧军一起外出时，总是一前一后走着，萧军在前大踏步地走，萧红在后边跟着，很少见到他们并排走。1938年初他们分手了，那年5月她和端木蕻良在武汉举行了婚礼，肚子里怀着萧军的孩子。萧红去世后，萧军说："作为一个六年文学上的伙伴和战友，我怀念她；作为一个有才华、有成绩、有影响的作家，不幸短命而死，我惋惜她；如果从'妻子'的意义来衡量，她离开我，我并没有什么'遗憾'之情……也许可以这样说：在文学事业上，她是个胜利者！在个人生活意志上，她是个软弱者、失败者、悲剧者！"[②] 我无意评价萧军这段话是否属实或厚道，毕竟感情的事轮不到局外人说三道四。可悲的是，1941年底，萧红的生命

---

① 兰云月.民国才女美文集（银卷）.北京：燕山出版社，1995：135.
② 转引：桑农.花开花落——历史边缘的知识女性.桂林：广西师范大学出版社，2010：122.

已经进入了倒计时,当时一直照看她的青年作家骆宾基后来回忆,萧红在死前曾热切地盼望,如果萧军在重庆,她给他拍电报,他还会像当年在哈尔滨那样来救她吧。直到生命的最后一刻,萧军在她的世界里始终是个拯救者,尽管这最后的期望恐怕是一厢情愿的。

无独有偶,梅志回忆萧红跟端木蕻良在一起的情景,也是类似的。端木斜着肩、低着脑袋在街上走着,相隔两米远的后面,萧红也低着头尾随着。对他们的结合,双方亲友都不认同。萧红的态度却很坚决,她只想过正常的老百姓式的夫妻生活。没有争吵、没有打闹、没有不忠、没有讥笑,有的只是互相谅解、爱护和体贴。而且,她对端木蕻良心存感激,因为她身体不好,还怀着萧军的孩子。她认为端木是做了牺牲的,她很满足。这是宿命吗?她前后两次都是怀着别人的孩子,开始新的感情生活。这一次,她更是先怯了三分。关于她们婚后的生活,绿川英子在《忆萧红》一文中有这样的描述:"我想到微雨蒙蒙的武昌码头上夹在濡湿的蚂蚁一般钻动着的逃难的人群中,大腹便便,两手撑着雨伞和笨重行李,步履为难的萧红。在她旁边的是轻装的端木蕻良,一只手捏着司的克,并不帮助她。她只得时不时地用嫌恶与轻蔑的眼光瞧了瞧自己那没有满月份的儿子寄宿其中的隆起的肚皮——她的悲剧的后半生中最悲剧的这一页,常常伴随着只有同性才能感到的同情与愤怒,浮上我的眼帘。"①萧红的痛,固然有属于她个人的原因,但绿川英子对萧红境遇的同情与愤怒,却有着基于性别才可能产生的情感共鸣。

萧红临终前在一张纸片上写下:半生尽遭白眼冷遇,……身先死,不甘,不甘。关于这不甘的原因,她的感叹是:我一生最大的痛苦和不幸却是因为我是一个女人。这种由于性别带来的痛楚,或许从幼年时被父亲嫌弃就成为她心灵深处的创伤,一直伴随了她短暂的一生。萧军回忆与萧红相处时她的性别敏感时说:"她最反感的,就是当时我无意或有意说及或玩笑地攻击女人的弱点、缺点的时候,她总要把我作为男人的代表或'靶子'加以无情的反攻了。有时候还要认真生气甚至流眼泪!一定要我承认'错误',服输了……才肯'破涕为笑''言归于好'。"②许广平《在追忆萧红》中提到过萧红因身体病痛而产生的烦恼,这烦恼完全是女性的:"她同时还有一种宿疾,据说每个月经常有一次肚子痛,痛起来好几天不能起床,好像生大病一样,每次服'中将汤'也不见好。……我说白凤丸对妇科不无效力,何妨试试?过了一些时候,她告诉我的确不错,肚子每个月都不痛了,后来应该痛的时候比平常不痛的日子还觉得身体康强,她快活到不得了。等到'八一三'之后她撤退到内地,曾经收到她的来信,似埋

---

① 王观泉.怀念萧红.北京:东方出版社,2011:112.
② 转引自 伊北.华丽苍凉,逆流而上:私房阅读民国女子.杭州:浙江大学出版社,2013:107.

怨似称谢的，说是依我的话服过药丸之后不但身体好起来，而且有孕了。战争时期生小孩是一种不容易的负担，是不是我害了她呢。后来果然听朋友说她生过一个孩子，不久又死去了。"①

战乱、饥饿是那个时代很多人的普遍境遇，但家务、怀孕和生产却是女性特有的负担。身体和感情生活中的弱势地位让萧红显得似乎过于敏感，作品的不被认同则更让她倍感孤独。有一次，她躺在床上休息，萧军和朋友们以为她睡着了，议论她的散文并没什么好的，结构也不坚实。她为着爱人的背后轻薄而离家出走。靳以在《悼萧红》中回忆端木蕻良对萧红所写《回忆鲁迅先生》一文的不屑："这也值得写，这有什么好写？"萧红难堪地红了脸，气愤地说："你管我做什么，你写得好你去写你的，我也害不着你的事，你何必这样笑呢？"后来，《回忆鲁迅先生》发表时，端木蕻良还强行代笔写了一段附记："右一章系记鲁迅先生日常生活的一面，其间关于治学之经略，接世之方法，或未涉及。将来如有机会，当能有所续记。"② 我读过萧红写的《回忆鲁迅先生》，笔触生动，情感丰沛，一个走下文学神坛、慈祥如祖父的鲁迅先生跃然纸上，他不再是战士，而是萧红生命中的一抹亮色，是她创作生涯中的指路人。她的回忆必然是个人化的，这才是萧

---

① 王观泉.怀念萧红.北京：东方出版社，2011：57.
② 王观泉.怀念萧红.北京：东方出版社，2011：136.

红。然而，在端木蕻良看来，萧红写得太琐碎，完全是家庭妇女式的絮叨，丝毫没写到鲁迅先生的治学与接世。

对于爱人和朋友圈子里对她作品的批评，萧红坚持了自己的选择，也为自己做了辩解："一个有出息的作家，在创作上应该走自己的路。有的人认为小说就一定写得像托尔斯泰、巴尔扎克和契科夫的作品那样。我不相信这一套，其实有各式各样的生活，有各式各样的作家，也有各式各样的小说。"[1] 1940年9月至12月，萧红的《呼兰河传》在香港《星岛日报》上连载。那时，抗日救亡是时代的主流和最强音，萧红的笔却似乎逸出了主旋律，关注于对人类生存处境、人性之复杂的呈现与叩问。从今天来看，这是不是《呼兰河传》有了跨越时空的魅力之所在呢？面对评论家的批评，萧红再一次坚称：作家是属于人类的。现在或者过去，作家的写作的出发点是向着人类的愚昧！鲁迅先生曾给萧红的《生死场》作序，称赞她有着女性作家的细致的观察和越轨笔致，并预言她是女性作家中最有希望的一位。

所以，从艺术创作的角度看，萧红的不甘在于，在现实的此岸，由于生命基础和物质层面上的脆弱，她并不能从心出发去做选择。但在理想的彼岸，她试图有自己的坚守和执拗。只是，这坚守终究抵不过现实生活中饿肚子流落街头时的

---

[1] 王观泉.怀念萧红.北京：东方出版社，2011：145.

窘迫、以及孤苦无依时的寂寞与恐慌。内在的冲突和矛盾终究是一个人感到不幸的重要原因,如果她为了现实而做些心甘情愿的妥协,或许能靠作品勉强维持生计,也不至于在精神上孤寂忧悒以终生。当然,人生没有假设。

鲁迅先生在多年前就曾问过,娜拉出走后怎么样?他给出的答案是,除非她死了,否则要么堕落,要么回家。女性真正意义上的独立,既是经济上的、更是人格上的。走到生命的尽头,萧红的情绪几近崩溃。僵卧病床,身无长物,想着不得不返回老家,要在父亲面前投降了,惨败了,丢盔卸甲了。

萧红身处的年代,女性受到启蒙思想的感召而离家出走,但实现独立的机会相对而言还是少很多。正如她的感慨,女性的天空是低的,羽翼是稀薄的。这么说来,萧红的悲剧有自身的原因,也有时代的因素。

刘清扬 / 女权的理想与现实的烦扰

【刘清扬小像】

1894年,刘清扬出生于天津一个回族家庭,家中思想比较开通,没有一般家庭对女孩子的歧视。刘清扬的兄长们经常议论时政,对反清革命深表同情,并将秋瑾的事迹介绍给她。12岁时,刘清扬进入天津"严氏女校"读书。13岁那年,在一次天津爱国人士发起的募捐大会上,刘清扬摘下了心爱的金戒指捐给大会。一时间,"十三岁的女学生捐出一枚金戒指"的事迹在天津传为佳话。家庭环境和所受教育使刘清扬逐渐养成了自信、独立的性格,开放的观念,以及初步的爱国意识。

1911年辛亥革命爆发,在天津"直隶第一女子师范学校"读书的刘清扬参加了同盟会在天津的秘密组织——天津共和会。她和会员们一道油印反清宣传品,向群众进行革命宣传,积极为滦州起义队伍探听军情、筹措经费。

1919年5月,刘清扬和直隶女师的同学邓文淑(即邓颖超)、郭隆真等发起成立了天津女界爱国同志会,刘清扬被选为会长。9月,她同周恩来、马骏、郭隆真、邓颖超等20位男女青年成立了天津青年进步团体觉悟社，领导天津学生运动。

1920年11月，刘清扬同张申府赴法勤工俭学。1921年2月，张申府发展刘清扬加入共产主义小组。在巴黎期间，刘清扬与张申府结婚，成为一对革命伴侣。1923年回国。

1924年1月1日，《妇女日报》创刊，刘清扬任总经理，这是全国第一份主要由妇女主办的报纸。4月，刘清扬赴南方开展妇女革命运动。6月，刘清扬出席在莫斯科召开的共产国际第五次代表大会。

大革命失败后，刘清扬与中国共产党的联系中断以致最终脱党，但仍为妇女运动不懈奔波。脱党后的刘清扬和丈夫张申府住在清华园。1931年"九一八"事变后，刘清扬重新踏上政治舞台，成立抗日救护慰劳队、参加南下请愿、领导北平抗日救亡运动。

1944年，经张澜介绍，刘清扬在重庆加入中国民主同盟，并当选为民盟中央委员和妇女委员会主任。

1948年，中共中央邀请进步人士和民主党派代表到解放区参加新政协的筹备工作。11月下旬，刘清扬和其他一批民主人士被护送到河北省平山县中共中央统战部所在地李庄。

1949年3月，刘清扬参加了在怀仁堂举行的第一次全国妇女代表大会，会上中华全国民主妇女联合会成立，刘清扬当选为全国民主妇联执行委员。中华人民共和国成立后，刘清扬历任政务院文化教育委员会委员、全国政协常委、河北省政协副主席，全国妇联副主席、中国红十字会副会长等职。

1961年，刘清扬重新加入中国共产党。

"文革"期间，刘清扬受到迫害。1977年，刘清扬辞世，享年84岁。

1979年，中共中央为刘清扬恢复名誉。

北京的春总是来得比较陡峭，前些天还是雨夹雪呢，猛然一升温，已然满眼春色了。说来有趣，我从花园里暖暖的阳光处迫不及待地回到带着寒气的屋里，竟是为了几天来一直萦绕在心里的这个女子——刘清扬，很多人不见得知道她。这个周恩来的入党介绍人，也有过惊艳历史的一刻。我原本可以直入主题的，但又有些不甘。因为，院里实在是舒服极了。黄的迎春、白的粉的玉兰，还有一株应该是桃花，疏落有致地绽放在干净的树枝上，就在我眼前张扬的娇媚着。

我手里捧着一本书，安安静静坐在那里，很享受。可是，有几句话突然跳进脑海里，是《张申府访谈录》中的一段，让我似乎明白了之前好奇的一个问题。女人的思维有时真是很奇怪啊，我手里的书跟这个毫无关系，怎么会莫名其妙想起这事呢？不管了，只有一个念头，赶紧回家把它大致记下来，也许慢一点，就会从脑中溜走了呢。因为走得急，发卡落在凳子上了，快进家门才想起来。

回到刘清扬。1920年11月24日，她与张申府[①]同去法国，张申府在船上向她介绍了俄国革命的情况和共产主义理论的基本知识。1921年1月他们在巴黎同居，2月张申府介绍她加入中共巴黎小组。1923年年底，刘清扬随张申府回国。1924年1月，她与邓颖超等人合作创办了专门讨论妇女问题的

---

① 张申府（1893~1986年），北京大学、清华大学教授，哲学家、数学家。中国罗素研究专家。大革命时期退党。1957年被打为右派。

《妇女日报》，该报成为中国妇女界的一面女权旗帜。刘清扬在《"贞操"与"节妇"》一文中，从"片面贞操"问题入手，对性道德的双重标准进行了猛烈抨击："片面贞操，乃是非人道的，压制人性的，剥夺人自由权的一种恶风尚！""男女既同是人，男子既有性的要求，女子也自然有性的要求，并没有什么稀奇古怪。但为什么男的有了性的要求，就可任其自由满足，而女的有了性的要求，就当隐忍呢？……我想稍有脑筋能思想的人，也当知在男权社会中，这样万难的、片面的旧道德风尚，实当破除，万无存留的余地！"[①] 刘清扬是"五四"时期少有的对中国传统性道德做出直接批判的女性。

耐人寻味的是，她在公领域对男权的批判与在私领域和张申府关系上的不平等形成了奇特的反差。张申府一而再标榜恋爱自由、性自由，也一再公然搞婚外情，刘清扬为什么还能和他纠缠大半生？只要他稍一示好，她就又不计前嫌地回到他身边。假如她是旧式传统女子我就不会好奇了，可偏偏她是五四时期特立独行的女中豪杰。当然，这种印象主要来自张申府的叙说，刘清扬留下的文字原本就不多。这也是研究女性的一个难点，在可见的各种史料中，她们多半是沉默的，就算有，也是只言片语，夹杂在浩如烟海的男性话语中。

---

① 刘清扬."贞操"与"节妇".妇女日报，1924-3-6.

先看看当年和她一起参加共产国际代表会议的彭述之[①]是怎么描述她的："在我和她一起出席共产国际第五次代表大会的一个月里，我把她看得很仔细。她是个不停说话的人，唯一目的是炫耀她的存在和价值……唉，和她一起真是倒霉！"[②]这段看似很负面的评价，如果属实的话，恰恰从一个侧面说明，刘清扬是一个自我意识很强的女性。而那时的她，无疑也是很耀眼的。不然，彭述之怎会在晚年回忆录里还不忘记下这么一段？"她是个不停说话的人"在另一个人的眼里，却是别样的解读。郭沫若曾写过一首诗贺她的生日，"慷慨幽燕姐，犹然十五余。登台三寸舌，下笔万言书。"刘清扬在五四时期的光芒，正是她非同寻常的口才和激情。张申府也有过这方面的说辞："她大部分的演讲词是我替她写的，因为她思想不十分清晰，虽然她的演讲非常有力和带煽动性。"[③]

写到这里，不免有些好笑，张申府尽管承认刘清扬在演讲上的优势，但似乎更是在标榜他之于她是导师，是领路人。即便事实果真如此，又何必一定要如此高调公布于世人面前呢？好在刘清扬永远看不到他说的这些话了，否则不知会做何感想？尽管后来他们分道扬镳了，但毕竟曾经相濡以沫，有些事彼此明白就好，不必一定都说出来吧，让人不免质疑他的

---

① 彭述之（1895~1983年）：1919年入北京大学学习，参加"五四运动"。1921年冬加入中国共产党，后因不同意中共中央的路线，于1929年被开除出党。
② [美]舒衡哲.张申府访谈录.李绍明，译.北京：北京图书馆出版社，2001：82.
③ [美]舒衡哲.张申府访谈录.李绍明，译.北京：北京图书馆出版社，2001：72.

动机。就连《张申府访谈录》的作者舒衡哲都忍不住在一件事上为刘清扬不平。"1920年11月23日上船赴法之前,她仍是一个处女——这点张申府在我们的谈话中多次提及,并引以为荣。"①

人性太复杂了,我也不免怀着一点阴暗的心理揣测,张申府之所以要如此显示他在刘清扬人生中的重要性,也许正是因为中止俩人关系的是刘清扬,而不是他。尽管他在访谈录中一再强调刘清扬跟他断绝关系是形势所迫,是为了生存。但刘清扬弃他而去,总归是事实,有报纸上的声明为证。1948年12月26日,《人民日报》登载了一则离婚启事,标题是:"张申府背叛民主为虎作伥;刘清扬严予指责",内文如下:"刘清扬致函民盟沈钧儒和章伯钧,对张申府的思想堕落及其背叛人民的立场,表达无比愤慨。"②信中还表示她要与张申府断绝一切公私关系。或许这伤害了张申府的自尊,所以他要在别处挽回。纯属臆测,正如男人永远搞不懂女人,反过来似乎也应该成立。

哎呀,绕得太远了。其实我脑子里冒出来的那段话是在刘清扬脱离中国共产党,回到家里相夫教子,安心做"教授夫人"以后,张申府在1930年1月的《妇女与革命》一文中毫不留情地批判知识妇女"依赖的习性",似乎在隐晦地暗示,刘

---

① [美]舒衡哲.张申府访谈录.李绍明,译.北京:北京图书馆出版社,2001:84.
② [美]舒衡哲.张申府访谈录.李绍明,译.北京:北京图书馆出版社,2001:225.

清扬已是一个依赖于他的"赘物"。张申府给予知识妇女的忠告是：应晓得友谊、爱情、性交、结婚，是截然不同的四件事。结婚是所谓恋爱的坟墓，但尤其是女子的坟墓。女子们如果能把这四件事分别得清清楚楚，不使它发生连带关系，或者也许不轻于有意无意地钻到双重监牢里去了。[①] 结婚对刘清扬也许真的是坟墓。因为这年秋天，她又怀孕了，孩子绊住了她。

在此后的十多年里，张申府身体力行于他的"性解放"，刘清扬则一面照顾孩子，一面投身于抗日。他们之间分分合合，藕断丝连。张申府诉说刘清扬对他的背叛做出的反应时说："整个30年代，我都惹怒了刘清扬。我和孙荪荃搞上关系，这使她感觉羞辱。1936年我被捕时，我的女儿跑到孙家请求协助。刘清扬也被捕了，但她比我早释放。我们被指是华北共产党地下的首领。这自然是荒天下之大谬……我被释放之后，事情并没有好转。我记得我们在武汉会面，刘清扬站起来对我和孙荪荃大骂。之后我们便分开了，直到抗战结束时我们才再在一起。"[②]

当然，这段从1921年维持到1948年的关系，自然复杂得很。我之前总以为刘清扬在这其中主要扮演了受害者的角色。其实，女子如若经济不独立，是怎样都不能洒脱起来

---

① [美]舒衡哲.张申府访谈录.李绍明，译.北京：北京图书馆出版社，2001：95.
② [美]舒衡哲.张申府访谈录.李绍明，译.北京：北京图书馆出版社，2001：218.

的，再加上孩子的牵扯，刘清扬或许有她的不得已。再进一步臆测一下，如果当年她与张申府断绝关系，确实是迫于无奈，这又是一个不得已了。然而，这诸多的不得已中有多少是她无法控制的？又有多少是她的主动选择呢？很遗憾，目前大多数依据都是张申府一方的说辞，刘清扬除了早期发表过一些文章外，留下的蛛丝马迹太少了。相比较张申府留给世人的，她几乎是沉默的。

倒是她的女儿刘方清提到的一件事，让我格外留意。"1973年秋的一天，我突然接到中央专案组通知，让我去探视在监内的母亲。自1968年2月母亲在'文革'期间被抓走，我们已经六年没有见面了。母亲出了什么事？病了？还是……？我怀着忐忑不安的心情，赶到专案组指定的地点(复兴医院东侧的一个小楼)，好不容易才等到探视时间。一辆小车推着一个白发苍苍、双腿瘫软、面庞浮肿、目光呆滞的老人。啊，这就是多年杳无音信的母亲？六年的铁窗生活，竟把往日精神抖擞、步履刚健的一个人变成了这个样子！我们互相凝视了片刻，一向十分健谈的母亲这时竟说不出话来。还是我强忍悲痛，打破了这尴尬的沉默，询问她的健康并报告家里的情况。不料母亲对这一切反应漠然，却冲破'禁律'(探监是不许谈政治的)，迫不及待地探问周总理的情况和邓小平同志的'出山'。……对此她忧心忡忡；而对于邓小平同志的复出，则表现异常兴奋，充满希望。最后她严肃又郑重地对我说：'方清，你记住，我的一生是忠于革命、忠于党、忠于社会主义祖国的。'这句话她反复说了好几遍，看来这话在她心里已埋藏多年了。"[1]

刘方清提到母女俩6年后的第一次见面，在这个描述中，我们看到的刘清扬：作为革命者，她是热情、积极、忠贞的；作为母亲，她无暇顾及家庭，甚至有些漠然。

---

[1] 刘方清. 我的母亲刘清扬. 炎黄春秋，2005（1）.

向警予 / 革命女性的两难

【向警予小像】

1895年,向警予出生于湖南湘西溆浦县商会会长之家,原名向俊贤。她的几个兄长曾留学日本,向警予受他们的影响追求新知。

1903年,向警予进入长兄在县城开办的新式小学。她在校品学兼优,希望成为花木兰式的人物。1911年,向警予由湘西到长沙,先后在湖南"省立第一女子师范学校""周南女子中学"读书,并改名向警予,表示对封建势力的高度警惕和反抗。1916年,向警予毕业,在县城创办了男女合校的"溆浦小学堂",并担任校长。学校在她的主持下,传授新知识,提倡新风尚,宣传新思想。

1918年,向警予参加了革命团体新民学会。并和蔡畅等人组织湖南女子留法勤工俭学会,成为湖南女界勤工俭学运动的首创者。1919年,向警予响应"五四运动",带领学生上街游行,抵制日货,年底,向警予赴法。1920年,向警予进入蒙达尼女子公学,并和蔡和森结为革命伴侣。

1922年初,向警予加入中国共产党,成为最早的女共产党员之一,在中共"二大"上当选为中央委员,领导中国早期无产阶级妇女运动。1923年，中共"三大"通过了向警予起草的《中国共产党第三次全国代表大会妇女运动决议案》，她当选为中央委员，担任妇女运动委员会书记。1925年1月，在中共"四大"上，向警予再次连任中共中央妇女部部长。10月，向警予、蔡和森等受党中央派遣赴莫斯科东方共产主义者劳动大学学习。1927年，向警予回国，在中共汉口市委宣传部和市总工会宣传部工作。

1928年3月，向警予在法租界被捕，5月1日被押赴刑场，终年33岁。

向警予留给大众的是一个为革命理想而英勇赴死的女革命者形象,这一点当然是被铁的事实所证明了的。因此,当我最初在史料,尤其是一些回忆录中看到她的另一面时,也有些疑惑,这是真的吗?或者是多年以来形成的宏大叙事模式,让我们忘记了,革命者也是有血有肉活生生的人,自有他们的七情六欲和世俗生活。

1919年底,"盎特莱蓬"号法国邮轮从上海启航前往法国,在这艘船上就有赴法勤工俭学的向警予与蔡和森。在此之前,他们曾为协调赴法事宜有过接触,也同为新民学会的会员,仅此而已,并无过多牵扯。在"盎特莱蓬"号上35天的航程中,他们经常一起观日出日落,讨论学习和政治。作为周南女校的出色毕业生,向警予无论是在谈吐见识上,还是身体力行女子解放的行动上,都已经远远超出同时代的大多数女性。尽管双方都曾立下终身不婚的誓言,但当邮轮停靠在终点站法国马赛港时,他们不约而同地发现自己完全被对方吸引住了。

1920年5月,向警予和蔡和森在蒙达尼结婚。他们留下的结婚照片上,一对马克思主义的虔诚信徒并肩坐在草坪上,共同捧着一本打开的《资本论》,象征一对佳人是为这共同的理想而结合的。婚礼热烈而简朴,几十名中国留学生为这一对志同道合的新人送上了由衷的祝福。蔡、向分别朗诵了两人在恋爱过程中互赠的诗歌,一切都是如此和谐完美。1921年底,蔡和森因为领导留法学生争回里昂大学的入学权而开罪于法国当局，被强行遣送回国。稍后，向警予也回到了中国。在中国共产党革命的早期，他们迅速成长为革命阵营中的领导者和中坚力量。

在1922年召开的中共"二大"上，向警予被推选为中央候补委员，出任新成立的妇女部部长。她因此成为中国共产党第一位女性中央委员，杰出的妇女运动领袖。但在担任妇女部长最初的一年里，她对妇女工作似乎并没有表现出太大的兴趣。这一时期她发表在《向导》上的文章，大多都是关于反帝反封建的政论性主题，几乎没有涉及妇女问题。事实上，向警予在1922~1925年期间，必须管理中央执行委员会的许多日常事务，因为党内认为女性比男性更善于做这类事情。这对于一直追求两性平等的她来说，并不是一件愉快的事。或者说，她意识到在党内依然存在着"女同志不如男同志""女子程度低"的传统性别意识，她想以实际行动证明，女性并非只能做妇女工作，女性的能力并不比男性差。

1928年7月22日，蔡和森得知向警予牺牲后，在莫斯科写下《向警予同志传》，其中谈到了向警予的性别敏感："警予责任心极重，同时好胜的"野心"亦极强，因为她自幼以来即养成了她这种心理。自与和森恋爱及参加实际工作后，她精神上常常感受到一种压迫，以为女同志的能力不如男同志，在她看来，仿佛是"奇耻大辱"。同志们愈说她是女同志中的最好的一个，她便愈不满足。她是"五卅"运动中有力的煽动者、组织者之一；她是党的妇女工作的负责人；但她自己总是不甘于"妇女的"工作——纵然她在这种工作上得到了一般的信任。当然，以警予的能力说，本来可以担任一般党的指导工作，这是从前党的组织上分配工作的缺点。"[1]

向警予希望通过模仿男性的做法来证明自己的能力，这从曾经借住在她家的陈碧兰的回忆中可以得到某些呈现，陈碧兰觉得向警予对轰动一时的湖北女子师范的学潮并不感兴趣，而且"个性古怪，不合人情，心胸不开阔，拟男主义和清教徒的色彩很浓厚"。

陈碧兰还回忆到一些具体的生活细节："早晨和傍晚女佣在厨房里烧早餐和晚饭时木材的浓烟（烧午饭时我上课去了），像催泪弹一样，每一个人的眼泪都不停地往下流，至少需一小时以上之久，陈独秀每次遭逢这种滋味时，他总是说：'警予！你要想个办法呀！这很不卫生，尤其对和森气管炎和咳嗽更不相宜，我看别人家没有这样烟的。'尽管他时常这样劝告，但向仍旧不管，她也不到厨房里去看一看，把那个原始的烧饭炉子换一个有烟筒的就没有问题了。事后想来，她的这种顽强和固执的主要原因是由于一种强烈的妇女主义倾向，不屑管理家事的心理所致。一般的家庭佣人都称女主人为

---

[1] 戴绪恭、姚维斗.向警予文集.长沙：湖南人民出版社，1985：2-3.

'太太'，但她却要她的女佣人叫她'向先生'，同叫她的丈夫'蔡先生'一样称呼。假如有人叫她"蔡太太"，她会当面斥责人家说：'下次不要这样称呼我。'"[1]

陈碧兰的回忆可能带有个人强烈的情感好恶。但是，向警予趋于中性的装扮、不苟言笑的举止，以及大家都称她为"祖母"的事实，也多少印证了陈碧兰所说的"拟男主义和清教徒的色彩"。向警予通过掩饰自己的性别来表达对压制的反抗，由此造成了革命与生活、理智与情感方面的冲突，凸显出一个女革命者的两难处境。

向警予和蔡和森结婚后，给父母寄了一张印有一对十分可爱的小孩的明信片。她在明信片上写道："和森是九儿（向警予在家排行第九，小名'九儿'）的真正所爱的人，志趣没有一点不同的。这画片上的两小也合他与我的意。我同他是一千九百廿年产生的新人，又可叫作廿世纪的小孩子。"[2] 他俩生有一男一女，女儿蔡妮在上海出生后仅4个月，就由母亲送回湖南，住在长沙五舅向仙良家。儿子蔡博享受母爱的时间更少，出生不到1个月，就由大姑妈蔡庆熙哺养。因为，他们的生活环境和繁重的工作，无法自己抚养孩子。向警予牺牲后，蔡妮和蔡博先后被送到莫斯科近郊的莫尼诺国际儿

---

[1] 陈碧兰. 我的回忆：一个中国革命者的回顾. 香港：十月书屋，1994：82-83.
[2] 蔡妮，周海滨. "向蔡同盟"的血色浪漫——蔡妮回忆父亲蔡和森和母亲向警予. 名人传记，2012（11）.

童院。没有直接的证据说明这样的成长经历对他们意味着什么。但从人之常情看,孩子长期不能生活在父母身边,至少在心理上是一种缺失。

向警予和蔡和森因为共同的信仰和理想走到一起。但"他们夫妇都忘我地工作,谁都不愿意为家庭多做点牺牲。向警予不善理家务,蔡和森无固定收入,以至于家庭有时发生断炊之事。为解决他家的生活困难,李大钊曾多次给胡适写信,说'和森很穷,专待此(蔡的《俄国社会革命史》一书的稿酬)以为糊口'"。① 再加上蔡和森在生活小节上拖沓、不注意卫生的习惯让向警予很反感,向蔡夫妻关系出现了裂痕。考虑到向蔡都是中共高层干部,中共中央决定让他们去莫斯科,以便挽救他俩的情感危机。

对于她的情变,最让人感慨的是蔡和森的这段话:"警予在莫斯科痛苦期间的学习有很大的进步,这是证明她的意志似铁一般的坚强呀!每到她个人或同着和森最痛苦的时候,她每每回转心肠咬紧牙齿这样的叫甚至这样的写道:'只有为革命死,决不为爱情死!一点泪一点血都应为我们的红旗而流,为什么为爱情而流呢?可耻!'她自己骂自己可耻,同时又禁不住自己愈加痛苦起来;她纵然禁不住自己愈加痛苦起来,同时又愈加强固自己只有为革命而死的决心,这便是警予

---

① 徐方平.蔡和森的两次婚姻.百年潮,2004(2).

最后两年奋斗的革命生活之缩影！"[1] 蔡和森的话语传递的信息是，这场爱情带给向警予的痛苦远远大于幸福。

　　抛开革命的宏大叙事，在向警予和蔡和森这对"向上同盟"之间，倒是应了那句：相爱容易，相处难。行笔至此，心中还是有一丝忐忑，似乎这样的叙说有些暗淡了为我们今天的和平生活而献出生命的革命先行者。然而，我还是忍不住想说，身处中国近代社会转型期的女性，的确是在负重前行。时代的新旧杂陈哪怕是对思想比较解放的革命女性而言，仍旧会留下或深或浅的烙印。向警予之所以自责，骂自己可耻，是因为革命、爱情，以及作为妻子母亲的责任在她心里产生了剧烈的冲突。她把自己定位在一个投身革命、引导女性走向解放的带路人角色。为爱情而痛苦，在她看来是软弱的表现。

　　同为女性，我敬她，亦怜她。

---

[1] 戴绪恭，姚维斗.向警予文集.长沙：湖南人民出版社，1985：3.

丁玲　女性意识与革命立场

【丁玲小像】

1904年，丁玲出生在湖南临澧农村的一个大户人家，原名蒋伟，字冰之。父亲蒋浴岚早逝，家道败落。母亲余曼贞仰慕新学，自立自强，丈夫病逝后，不顾族人反对，带着四岁的丁玲和一个遗腹子，千辛万苦辗转求学，最后取得了教师资格，自己办学教书。丁玲受母亲影响很深。

1918年，丁玲就读于"桃源第二女子师范学校"预科，次年转入长沙"周南女子中学"，期间受到"五四运动"思潮的影响。1922年初，丁玲赴上海。1923年经瞿秋白等介绍，丁玲进入中国共产党创办的"上海大学"中国文学系学习。次年夏，丁玲转赴北京，在北京大学旁听文学课程。

1925年，丁玲与胡也频结婚。丁玲后来回忆他们的相爱时说："那时我们真小，我们像一切小孩般好像用爱情做游戏，我们造做出一些苦恼，我们非常高兴地就玩在一起了。"

1927年，丁玲开始小说创作。处女作《梦珂》于同年年底发表于《小说月报》，不久又完成代表作《莎菲女士的日记》，引起文坛的热烈反响。1928年10月，出版第一本小说集《在黑暗中》。这些作品带有鲜明的女性意识，女主人公都是敢想敢做，勇于追求新生活的激情女性。但是她们在现实社会中往往碰壁，因此又感受着寂寞与苦闷。

1929年冬，丁玲完成第一部长篇小说《韦护》。1930年，丁玲加入中国左翼作家联盟，后出任左联机关刊物《北斗》的主编及左联党团书记。1932年，丁玲加入中国共产党。这时期她创作的《水》《母亲》等作品显示了左翼革命文学的特征。《母亲》是一部长篇小说，主角原型就是丁玲的母亲余曼贞。1933年，丁玲在回答《大陆新闻》编者楼适夷的信中说，这部小说要写的是"以曼贞为代表的我们前一代女性，怎样挣扎着从封建思想和封建势力的重围中闯出来，怎样憧憬着光明和未来"。

1933年5月，丁玲在上海被国民党特务绑架，再转至南京幽禁三年。这段经历后来成为丁玲说不清的"历史问题"。

1936年，丁玲逃离南京，经上海、北平赴西安，不久来到中共中央所在地陕北保安县。在陕北，丁玲历任西北战地服务团团长、《解放日报》文艺副刊主编、陕甘宁边区文协副主席等职。先后创作《一颗未出膛的枪弹》《夜》《我在霞村的时候》《在医院中》等作品，这一时期，丁玲的作品反映出革命者和女性两种视角的交替。

1942年，38岁的丁玲与25岁的陈明在延安结婚。此后，陈明一直陪伴着她。

1948年，丁玲完成长篇小说《太阳照在桑干河上》，被译成多种文字。

中华人民共和国成立后，丁玲曾任中国文联委员、全国文协（后改为作协）副主席、《文艺报》主编、《人民文学》主编、中央文学研究所所长等职，并被选为第一届全国人民代表大会代表。

1955年，丁玲被打入"反党集团"。1957年，丁玲被划为右派、开除党籍、撤销一切职务。1958~1970年，丁玲被下放到北大荒劳动。1970~1975年，丁玲被关进秦城监狱。1975年出狱。1979年初，丁玲回到北京，逐步得到平反。1986年，丁玲去世，享年82岁。

丁玲的一生，用她自己的话诠释最恰当"我身体里有两种力量在撕扯着。我的血脉注定了我作家的生活，可是我的灵魂滚动着一个战士的激情。"

丁玲是中国现代文学史上一位重要的女作家，也是一位命运多舛的女革命者。她说："我不幸，也可说有幸总被卷入激流漩涡，一个浪来，我有时被托上云霄，一个波去，我又被沉入海底。"[①] 延安时期的丁玲，正经历着从云霄沉入海底的过程。起因之一就在于，她以女性的生命体验，洞察到以男性为主体的革命阵营内部，既有着两性间在阶级、民族利益上的一致性，还存在着男性以革命的名义对女性的歧视。她站在女性的立场上，犀利地揭示出被革命外衣遮蔽的性别不平等问题，从而挑战了革命群体内依然固有的传统性别秩序。

"昨日文小姐，今日武将军"

1936年秋，丁玲在中共地下组织的帮助下，秘密经上海、北平、西安，于11月到达陕北保安。中共中央宣传部在一间大窑洞里为她举行了隆重的欢迎会，当时的中央领导都出席了。自从三年前被国民党绑架、秘密关押以来，她一直过着孤独的生活。此刻，面对这么多友好的笑脸，丁玲的喜悦之情自不待言。她后来回忆说："这是我有生以来，也是一生中最幸福最光荣的时刻吧。我是那么无所顾虑、欢乐满怀的第一次在那么多的领导同志们面前讲话。我讲了在南京的一段生活，就

---

① 丁玲.丁玲文集(第五卷).长沙：湖南人民出版社，1984：415.

像从远方回到家里的一个孩子,在向父亲母亲那么亲昵的喋喋不休的饶舌。"①

丁玲之所以受到如此高规格的礼遇,与中国共产党当时的处境及对时局的考虑有直接关系。她到保安后,提议在根据地建立文艺俱乐部,组织文艺队伍,得到毛泽东的肯定。很快,"中国文艺协会"(后简称"文协")于1936年11月22日成立,丁玲被选举为"文协"的干事之一。毛泽东在会上讲:"我们要抗日我们首先就要停止内战。怎样才能停止内战呢?我们要文武两方面都来。要从文的方面去说服那些不愿停止内战者,从文的方面去宣传教育全国民众团结抗日。如果文的方面说服不了那些不愿停止内战者,那我们就要用武的去迫他停止内战;你们文学家也要到前线去鼓励战士,打败那些不愿停止内战者。""发扬苏维埃的工农大众文艺,发扬民族革命战争的抗日文艺,这是你们伟大的光荣任务。"②在抗日战争迫在眉睫的时刻,需要通过知识分子把抗战的决心传达给国民,为刚在陕北立足的党赢得有利的政治环境;也需要通过知识分子进行阶级革命、民族革命的意识形态宣传,壮大党的队伍。"文协"成立的第二天,丁玲被选为主任,后又成为《红中副刊》(即《红色中华》报的副刊)的主编。作为早期

---

① 丁玲.写在《到前线去》的前边.袁良骏,编.丁玲研究资料.天津:天津人民出版社,1982.
② 中共中央文献研究室.毛泽东年谱(1893-1949)上卷.北京:人民出版社,北京:中央文献出版社:1993.

到延安的文人,又是著名文人,丁玲的到来,无疑给根据地的文艺运动注入了新鲜的血液。

丁玲果然不负众望。这个从上海亭子间走出来的女作家,到达保安半个月后,就红妆变武装,打着绑腿,穿着平底布鞋,跟着部队北上定边前线。所到之处满眼的山沟、沙原、硝烟;接触的人不是出生入死的红军将领和战士,就是质朴的陕北农民。他们的言谈举止,跟丁玲熟悉的都市男女迥然不同,一切都令她新鲜而振奋。《记左权同志话山城堡之战》《到前线去》《彭德怀速写》《南下军中之一页》《警卫团生活的一斑》等战地散文,行云流水一般产生了。文学家去前线鼓励战士,丁玲做到了。当然,她也得到了别的作家无法企及的赞扬。1936年12月,在前线的丁玲收到了毛泽东用军用电报发给她的《临江仙·给丁玲同志》,其中写道"纤笔一支谁与似,三千毛瑟精兵。阵图开向陇山东。昨日文小姐,今日武将军。"[1]

在陕北的头三年,丁玲先后创作了《一颗未出膛的枪弹》《东村事件》《压碎的心》《新的信念》等小说,主题都是反映阶级斗争、民族压迫的革命叙事。20世纪20年代,丁玲笔下那些莎菲型的、寻求独立的、带着强烈自我意识的小资产阶级女性们消失了,取而代之的是童养媳七七、陈老太婆等

---

[1] 中共中央文献研究室.毛泽东年谱(1893-1949)上卷.北京:人民出版社,北京:中央文献出版社;1993.

穷困的普通劳动妇女形象，她们的不幸既不是个体的，也不是性别的，而是被压迫阶级和被侵略民族共同的集体的遭遇。丁玲忠实地履行着党中央领导关于工农大众文艺、抗战文艺的指示，适应战时红色根据地的意识形态要求，摒弃小资产阶级的情调，清除恋爱至上、感情至上等思想倾向，塑造立场坚定的女革命者形象。

丁玲的变化是由内而外的，连她的外表形象和生活习惯也变得男性化起来。初到延安的陈学昭曾不止一次的描写丁玲粗糙的皮肤、矮胖的身材、灰色的军服，她声音洪亮，女性特征几乎消失了。到延安访问的记者也说她："很随便地抽起卷烟来，烟抽得很密，大口地吸进，大口地吐出，似乎有意显示她的豪放气质。"[①] 在战时高度集中的革命环境里，女性的特征和特殊需要被视为小资产阶级情调，是不健康的，更不被提倡和鼓励。

莎菲女士在延安

1942年的丁玲，本该是快乐的。那年2月，她和陈明结婚了。然而，命运就在她冲上云霄之际，又将她打入谷底。转折发生在1942年3月9日，丁玲在《解放日报》文艺副刊上发表了

---

① 赵超构.延安一月.上海：上海书店出版社，1992：132.

杂文《"三八节"有感》，揭示出抗日根据地的知识女性在婚姻家庭问题上的困境。丁玲后来谈到写这篇杂文的缘由，首先是一篇纪念"三八节"的命题作文，恰逢她正因两起离婚事件为妇女同志鸣不平。她认为革命男女之间并没有因为平等制度的建立而消除性别歧视和性别压迫。有人因此惊呼：莎菲女士在延安！

丁玲在文章中主要谈到了延安女性在结婚、生养孩子和离婚问题上的困境。女性不结婚，会成为谣言的对象，永远被污蔑。结婚也总不能令人满意。嫁了普通干部，被讥讽为随便什么人都嫁；年轻知识女性成为老干部热烈追求的对象，如果她拒绝，就要听这样的训斥："瞧不起我们老干部，说是土包子，要不是我们土包子，你想来延安吃小米！"① 丁玲的说法并非空穴来风，中国共产党虽然在各抗日根据地制定、颁布了一系列法律和制度，鼓励妇女走出家门参加社会工作、男女同工同酬、婚姻恋爱自由，使男女平等成了根据地社会总体秩序的一部分，但女性在婚姻家庭关系中所遭受的压抑仍是客观存在的。

结了婚就得养育孩子，战争环境下男性的工作流动性很大，抚养孩子的任务大多落在女性身上。但多数女性本身也有工作，只能一边工作一边带孩子，加上物质条件差，她们的处

---

① 丁玲."三八节"有感.丁玲文集(第四卷).长沙：湖南人民出版社，1984：129.

境可想而知。丁玲在文章中提到:"她们四方奔走,厚颜的要求托儿所收留她们的孩子。要求刮子宫,宁肯受一切处分而不得不冒着生命的危险悄悄地去吃着坠胎的药。"①

事实上,边区政府对女公务人员和孩子还是尽量给予优待和照顾的。延安相继成立了保育院和托儿所,但远远满足不了需要,所以才出现丁玲所说的"求托儿所收留孩子"的情况。要想解决这个难题,最根本的办法是不生孩子。但旷日持久的战争造成了对人力资源的超常损耗,使得政府必须实行增加人口,禁止节育的政策。针对延安女干部、女知识分子私自打胎的情况一直存在,边区政府规定"严禁打胎。有特殊情形,经医生证明及当地政府批准,才可经医生打胎"。②但还是有人冒着生命危险,采取各种伤害身体的土办法私下打胎,因为她们担心被打入"落后"的行列。

丁玲认为,"落后"这个词,是戴在延安女性头上的紧箍咒,也是男性提出离婚的堂而皇之的理由。判断"落后"的标准,就看女性是否拖住了丈夫,看她对革命工作有多大贡献。革命"要求女性在社会事业、社会生活中是先进的战士,在个人生活中是高尚模范的人物"。③当女性因为照顾丈夫孩子而耽误了工作,她们就会面临被精简或安排去做一

---

① 丁玲."三八节"有感.丁玲文集(第四卷).长沙:湖南人民出版社,1984:130.
② 陕甘宁边区政府关于保育儿童的决定.陕甘宁革命根据地史料选辑(第一辑).兰州:甘肃人民出版社,1981.
③ 陕西省妇联.陕甘宁边区妇女运动文献资料.1985:61.

些无关紧要的事；那些被迫回到家庭的职业女性，则常常被指责："在革命队伍里不应该有自己不劳动而要人家供养的观念，那是剥削阶级的东西。"① 更有甚者，"落后"成了丈夫提出离婚的理由，因为她回到了家庭。丁玲一针见血地指出，真正的原因是"她们的皮肤在开始有折绉，头发在稀少，生活的疲惫夺取她们最后的一点爱娇。"②

丁玲提到的女性困境，除了战争年代的特殊现实条件外，也与革命阵营内的传统男权思想有直接关系。中国共产党希望通过赋予女性社会工作权利、参与社会事务来实现男女平等。但在革命根据地、战争环境与男权传统混杂的历史语境中，女性意识被认为是不合时宜的，平等在某种意义上被理解为女性特征的丧失，而要一切向男性看齐。

做一颗螺丝钉

丁玲发表《"三八节"有感》后不久，延安整风运动开始了。在四月初的一次高级干部会议上，有人对丁玲的这篇文章提出批评。

那段时间对丁玲来说是极其难熬的。1942年4月25日，

---

① 区梦觉. 改造我们的思想意识. 解放日报，1943-3-8.
② 丁玲. "三八节"有感. 丁玲文集(第四卷). 长沙：湖南人民出版社，1984：130.

也就是延安文艺座谈会召开一周前,她写了《风雨中忆萧红》,曲折地反映出当时的复杂心态。她在文中说:"昨天我又苦苦地想起秋白,在政治生活中过了那么久,却还不能彻底地变更自己,他那种二重的生活使他在临死时还不能免于有所申诉。我常常责怪他申诉的'多余',然而当我去体味他内心的战斗历史时,却也不能不感动,哪怕那在整体中,是很渺小的。"[1] 丁玲曾经跟大多数人一样,不理解瞿秋白在临终前写的《多余的话》。

1922年,还在上海大学读书的丁玲,就接触过一些中共党员,包括瞿秋白。当时的丁玲,虽然觉得共产党是好的,但有一件东西,她不想要,"就是党组织的铁的纪律"。1931年2月,被丁玲称为"最难忘的爱人"胡也频被国民党杀害,她痛感个体的渺小和无助。1932年3月,丁玲面对党旗宣誓:"我愿意做一颗螺丝钉,把我放在哪了,我就在哪里,叫我干什么,我就干什么。我的生命,我的心,不属于我自己的,而是属于党的。"[2] 到了延安,她努力做一颗螺丝钉,但仍然出了问题。在怀念萧红的文章中,还有这样一段话:"我很奇怪作为一个作家的她,为什么会那样少于世故,大概女人都容易保有纯洁和幻想,或者也就同时显得有些稚嫩和软弱的缘故吧。"[3] 丁玲感叹萧红,不也在反思自己吗?在文学与政治之

---

[1] 丁玲. 风雨中忆萧红. 丁玲全集(第5卷). 石家庄:河北人民出版社,2001:135.
[2] 丁玲. 我是人民的儿女. 丁玲全集(第8卷). 石家庄:河北人民出版社,2001:309.
[3] 丁玲. 风雨中忆萧红. 丁玲全集(第5卷). 石家庄:河北人民出版社,2001:135-136.

间、知识分子与党之间、女性与革命之间,她终究是有些简单了。

据陈明回忆,丁玲在整风运动时期,写下了两本学习心得,一本题为《脱胎换骨》,另一本题为《革面洗心》。[①] 延安文艺座谈会开过之后,丁玲到农村去走访、调查,直接与农民们同劳动、同生活。她计划用不同的手法写十个不同的人,后来因形势变化,只写了三个:民间艺人李卜、红军营长袁广发和陕甘宁边区的模范田宝霖。

丁玲真的放弃了对女性问题的思考吗?她的代表作《太阳照在桑干河上》,描写暖水屯农民在党领导下开展土改的过程,是一个表现阶级斗争的政治性主题,丁玲却在不经意中表现了对作为地主侄女的黑妮的关注。她这样讲述塑造黑妮这一人物形象的动机:"我在土改的时候,有一天我看到从地主家的门里走出一个女孩子,长得很漂亮。她是地主的亲戚,她回头看了我一眼,我觉得那眼光表现出很复杂的感情。只这么一闪,我脑子忽然就有了一个人物。"[②] 在黑妮形象的塑造上,丁玲内心深处的女性解放的追求又浮现出来了。

可以说,从19世纪末西方女权思想的输入开始,中国的女性解放就由男性倡导和引领,始终被纳入民族独立和社会

---

① 陈明. 丁玲在延安. 新文学史料. 1993(2).
② 丁玲. 生活、思想与人物. 丁玲研究资料. 天津:天津人民出版社,1982.

解放的范畴之中，女性被看作等同于"阶级"的一个弱势群体；却有意无间忽略了阶级、民族背后的男权社会结构，同样是女性受压迫的根源。丁玲在延安时期的人生际遇，从一个侧面折射出中国女性解放道路的曲折与复杂。

他们 / 相濡以沫还是相忘于江湖

"相濡以沫不如相忘于江湖",出自《庄子·大宗师》,原话为:"泉涸,鱼相与处于陆,相呴以湿,相濡以沫,不如相忘于江湖。与其誉尧而非桀也,不如两忘而化其道。"圣贤的倾向很明确:尽管相濡以沫,但毕竟是处于困境;而即便两相忘了又如何,终归还是自由自在来得好!圣贤当然可以如此洒脱,俗世中的芸芸众生却常常身不由己,挣扎于相濡以沫还是相忘于江湖。更难堪的是,做不到相濡以沫也罢了,相忘于江湖却又不甘!

平常光景下的相濡以沫,经典的镜头应该是满头银丝、步履蹒跚的两个人彼此搀扶、相看两不厌;更难得的自然是非正常情况下的不离不弃。比如刘英[①]在自述中说的这一段:"1968年5月16日,景山后街甲1号……我和闻天住的房子只隔一小间屋,但咫尺天涯。每天只放风一次,时间错开,不许我们碰面。但盥洗室还是合用一个,我们

[①] 刘英(1905~2002年):1925年加入中国共产主义青年团,同年转入中国共产党。曾任长沙师范学校党支部书记、中共湖南省委妇女部部长。中华人民共和国成立后,曾任中华人民共和国外交部部长助理等职务。1978年后,先后当选全国政协委员、常委、中央纪委委员等。

仅能利用这里通一点信息。那时每天早晨天还不亮,我们就要被吆喝起来,拖地擦桌子。大拖把浸了水,拿起来很重,我个子小拿不动,常常不在水里洗干净就拖,因而挨骂。大约是闻天从骂声中听出了原因,以后待我去拿拖把时,发现总是洗净后晾在那里,半干不干,不太重又好拖。闻天泡在盆里的衣服,我也总是悄悄给放上洗衣粉(肥皂限制不够用),抽空子给他搓一下。我们就是这样人不见面心相见!最难熬的是夜深人静时,我只能从他的咳嗽声判断他的存在,从审讯人的吆喝得知他的坚定。安静下来,不闻声息,我就感到惶惶不安。有一次,几天没有动静了,我上卫生间时细细察看,发现有一痰盂血,已经上了冻了。"[1]

相比较刘英质朴的叙述,丁玲的《牛棚小品·书简》把她和陈明的相濡以沫表达得更灵动、更跳跶。丁玲这样描述她躲过监督者的视线,拿到陈明写的小纸条的过程及心情。

"忽然,我感觉到有一个东西,轻到无以再轻地落到我的脚边。我本能地一下把它踏在脚下,心怦怦地跳了起来。多好的机会呵,陶云不在。我赶忙伸手去摸,原来是一个指头大的纸团。我来不及细想,急忙把它揣入怀里,踅进小屋,塞在铺盖底下。然后我安定地又去过道捅完了火炉,把该做的事都做完了,便安安稳稳地躺在铺上。其实,我那时的心啊,真像

---

[1] 刘英.刘英自述:张闻天夫人口述历史.北京:人民出版社,2005:201.

火烧一样，那个小纸团就在我的身底下烙着我，烤着我，我表面的安宁，并不能掩饰我心中的兴奋和凌乱。"①

你能想象吗？这个六十老妪的爱情写真，竟如此饱满激越而又细腻温婉，犹情窦初开的少女一般。第一次看到这段文字时，我似乎明白了为何比她小十三岁的陈明一直心甘情愿地守护着她。

当然，有些人做不到相濡以沫，并非她们不愿意，而是世俗情理容不下。比如方令孺②之于闻一多、赵清阁③之于老舍。这两个闺阁密友，连感情经历都有几分相似。男方都是有家室的，女方则是单身。说不清道不明的情愫确乎有过，有文字为证。只是，多属男方留下的一鳞半爪，女方基本保持沉默。倒不是因为她们没有文化，事实上，方令孺本就是散文作家和诗人，而赵清阁除了文字上的功夫，绘画也颇有造诣。相较于大多数情况下，男人早已波澜不惊而女人还在追忆苦

---

① 丁玲.丁玲全集（第10卷）.石家庄：河北人民出版社，2001：167.
② 方令孺（1897~1976年）：散文作家和女诗人。1923年留学美国。1929年回国后，先后任青岛大学讲师和重庆国立剧专教授。1939~1942年，任重庆北碚国立编译馆编审。1943年，在上海复旦大学中文系任教授。1949年，被选为上海市妇联副主席。"文革"期间遭迫害。党的十一届三中全会后，方令孺得以平反。代表作品有散文集《信》《方令孺散文选集》，译著文集《钟》等。
③ 赵清阁（1914~1999年）：著名女作家、编辑家、画家。她与齐白石、傅抱石、刘海粟、郭沫若、茅盾等都有很深的友谊，与老舍交往甚多。出版独幕剧集《桥》、短篇小说集《落叶》，创作中篇小说《江上烟》，《艺灵魂》与长篇小说《双宿双飞》《月上柳梢》以及许多杂文散文。中华人民共和国成立后，她参加了中国作家协会、上海戏剧家协会和电影工作者协会，担任上海文联委员，创作了《女儿春》《自由天地》等剧本。"文革"后，她创作了电影文学剧本《粉墨青青》，在《人民日报》《读书》《战地》等报刊发表了许多诗歌和散文。

思，她们的表现真是异数了。

一定要寻个缘由，方令孺的《诗一首》似乎能看出点蛛丝马迹："爱，只把我当一块石头，不要再献给我；百合花的温柔，香火的热，长河一道的泪流。看，那山冈上一匹小犊，临着白的世界；不要说它愚碌，它只默然，严守着它的静穆。"[1]当爱已成往事，不管因何，"严守着它的静穆"当是最高贵的姿态！况且，不能相濡以沫也未必老死不相往来，他们此后还有联系，或直接或间接，关心还在，只是无涉风月了。赵清阁做得更彻底，她晚年出版过五部回忆性的散文集，没有一篇是回忆老舍的。临终前她把老舍写给她的信几乎都销毁了，只有四封公开的，都是没有实质内容的短简。

比较难看的，自然是一方不愿相濡以沫了，另一方要么还在深情款款地自说自话，要么不管不顾地翻陈年旧账，比如秦德君[2]。我看过《火凤凰——秦德君和她的一个世纪》，正文一共六个部分，其中第三部"樱花盛开又悄悄落下"讲她与茅盾的交往，要说从篇幅上倒也不多，不过追溯确实很详细。更主要的是，茅盾在她的描述中，形象是比较猥琐的，字里行间的满腔怨愤也是一目了然的。

---

[1] 转引自：桑农. 花开花落——历史边缘的知识女性. 桂林：广西师范大学出版社，2010年：99.
[2] 秦德君（1905~1999年）：1919年作为学生代表参加了"五四运动"。中华人民共和国成立后曾任教育部参事、第二至第七届全国政协委员。

本已物是人非，但终究意难平。或许从秦德君的角度可以理解？毕竟，在她看来，是茅盾背信弃义了，无论从爱情还是大义上。不过，这样的自说自话有多大的可信性，是需要存疑的，因为当事的另一方始终是沉默的，或者换句话更合适，在茅盾的世界里，秦德君可能本是不存在的。他有那么多的文字留世，却似乎没有一点是关于她的。站在局外人的立场，谁都是在这样那样的牵扯中过活，各人有各人的苦衷，与其抓住不可能再有的相濡以沫不放，不如真的相忘于江湖好了。宽恕别人，其实是善待自己。当然，这种事情很难做到感同身受，我之所以能这样指手画脚，只因与我无关。

最不堪的，当属明明选择了相忘于江湖，却还是忍不住地要自夸自矜一番，如胡兰成。这个让清高孤傲的张爱玲"低到尘埃里"的人，骨子里自赏得要命。《今生今世》里有一段话真是让人无语。他一生结识和纠缠的女子应该不少，书中浓墨重彩的除了张爱玲，还有结发妻子玉凤、护士小周以及范秀美（同学的庶母）。当张爱玲发现他另有新欢，找到温州让他做选择时，胡兰成这样解释自己的躲闪狡辩："对爱玲，我是无言以表，但亦不觉得怎样抱歉，因为我待爱玲，如我自己，宁可克己，倒是要多照顾小周与秀美。"[1]

胡兰成太会拿捏女人的软肋，所以他对张爱玲说："因

---

[1] 胡兰成.今生今世.北京：中国长安出版社，2013：137.

为相知,所以懂得"。瞧瞧,人家把你抬到知己的地位,你张爱玲又不是俗气的女人,当然要"因为懂得,所以慈悲"。慈悲到用自己的钱去给范秀美看病!我看过好几篇《今生今世》的评论,大多对胡兰成一番声讨,作者都是女性。只有一篇例外,方希在《胡兰成的开裆裤》中这么说:"胡能够吸引的女人都是有缺陷的,要么是精神上的残缺,宁肯保住一棵稻草,假装那是棵参天大树,发现了真相已经不要紧了,一步步后退,直到退到毁灭边缘还舍不得撒手;要么是物质上的困窘,反正只要能收入囊中,他都能在喘息之间调教出一道传奇。"[1]

这文字够辣,姑且不论能否站得住,至少她分析问题的视角我是佩服的。胡兰成也许该骂,可要说这些女人都是牺牲品,应该被无限同情,难道就那么无可置疑、理所当然吗?

不过,抛开这些剪不断、理还乱,胡兰成的文笔还是可圈可点的。而且,看到他老年时的照片,我很惊诧,这样一个感觉阴鸷、黏稠的人,竟有一张如此清雅端正的脸!

---

[1] 方希.毒家蜜方.北京:新世纪出版社,2011:29.

西蒙娜·德·波伏娃 / 自由背后的负累

【西蒙娜·德·波伏娃小像】

1908年,西蒙娜·德·波伏娃出生于巴黎,父母均是天主教徒。第一次世界大战期间,父亲的律师工作受影响,全家生活困顿。因此,西蒙娜的少女时代是在枯燥封闭的家庭环境中度过的,而父母的不和也让她过早地对两性关系有了自己的主张。她在《回忆少女时代》中这样描述心中的另一半:"我们共同攀登高峰,我的丈夫比我稍稍敏捷、强壮一些,他常常要助我一臂之力,与我一级一级地向上攀登……命中注定能成为我丈夫的人,不能是有别于我的一类人,他既不比我差,也不超出我许多。他保证我很好的生活,但不剥夺我的自主权。"

1929年,她遇见了这个人——让·保罗·萨特,他后来成为法国20世纪最重要的哲学家之一,存在主义的主要代表人物。但在1929年,他们都要通过令人望而生畏的教师资格综合考试才能真正地独立于自己的家庭。西蒙娜的名次紧随萨特,排在第二。尽管如此,她仍然成为法国历史上最年轻的女哲学教师资格获得者。与此同时,法国两个最聪明的头脑走到了一起。

1931年,西蒙娜到马赛教书,萨特则到勒哈佛尔任教。萨特提议:"我们之间的爱情是一种必不可少的爱情,但我们也可以有一些偶然的情遇。"这个比她矮一英寸的男人为西蒙娜打开了人生的另一条路。他们没有结婚,彼此维护着自己的自由和独立,一起工作、一同参加政治活动。他们住在不同的地方,保持着一定程度的隐私权,但每天都见面,或共同工作或边喝威士忌边交换意见,常常一起外出旅行。1939年,第二次世界大战爆发,萨特上了前线。在炮火的间隙,萨特每天都给他"亲爱的迷人的海狸"写情书("海狸"是对西蒙娜的昵称)。

1943年,西蒙娜的《女宾客》一书面世,当年被提名法国龚古尔文学奖。1949年,被后人奉为女权运动"圣经"的《第二性》出版。1954年,她以《达官贵人》获龚古尔文学奖。1955年,西蒙娜和萨特曾到中国访问,写作《长征》一书。

西蒙娜晚年将萨特给她的书信刊行于世,书名为《寄语海狸》,书信的时间跨度近40年。可惜的是,"海狸"的回信却一封也没编进去。

1986年,西蒙娜去世,享年78岁。

最早知道西蒙娜·德·波伏娃，自然是来自久负盛名的《第二性》中那句著名断言"女人不是天生的，而是后天造就的"。说来惭愧，直到今天，她的这部经典著作我也没有从头到尾读完。一方面是纯理论的东西确实没法完全吸引到我；另一方面，也是中西社会背景和女性文化的差异所致，有些地方读起来比较隔膜，再加上或许是译本的原因，语言带着几分生硬晦涩，更加让人失去了认真研读的耐心。况且，我在这里想说的，并非她的学术思想，而是她与萨特这对"自由情侣"之间的事。好吧，不给自己找借口了，说到底就是治学不严谨、偷懒。

有人说，现在是全民看脸的时代。我得承认，从某种程度上我也属于看脸一族。当西蒙娜进入到我的视野中，第一时间就上网查了她的照片，从我的审美角度看，她不算美。线条太硬朗，少了柔媚。尤其是眼神中透露出来的似乎能看穿一切的犀利，让所有人都无法在她面前遁形。当然，还有她的传奇伴侣，大名鼎鼎的萨特先生，他那句"他人即地狱"最初让我震动又迷惑。而备受女性青睐的萨特先生，可以称之为丑吧。这不是我说的，萨特在《词语》一书中这样描述少时剪发后的自己："他的卷发已不再为他遮蔽世人的目光，带着那有麻点的皮肤、变形的眼睛和被显露出来的痘疱，可怜的普卢简直是个丑小鸭。"① 痘疱可能随着年龄褪去，但麻点和严重的斜视即便是成年后也不会改善吧。这多少让我产生了一丝遗憾，也许是偏见，也许太注重形式，我总以为演绎了惊世骇俗的，应该是一对璧人。

关于他俩的一生，有太多的言说。然而，除了少数严肃的研究者，大多数人（即便是对之感兴趣的）都不会花时间搞清楚事实究竟是什么，而宁愿相信道听途说。世间真相的背后总是斑驳陆离，知不知道又如何呢？很多时候，我们关注别人，想要的也许并非是真相，而恰恰是经过涂抹、加工后的幻象。因为它们或者比真实更能令人接受，或者多少填补了我们自己在现实中无法获得的某些需要。然而，我还是决定读一下《自由情侣》以及《致海狸和其他人》。海狸是萨特对西蒙娜的昵称，这名字他用了毕生，尽管并不是他最先想到的。

1929年，西蒙娜与萨特相识在巴黎索邦大学，萨特先对西蒙娜发出了约会邀请。但她起初并没有把这个身高1.58米的小个子男人放在眼里，他长得丑，还戴着一副土里土气的眼镜。所以，她派了自己的妹妹埃莱娜去和萨特见面。但很快，西蒙娜就被萨特折服了，因为他们之间关于哲学问题的争论从来都以波伏娃的战败而告终，一场跨越50年的奇特爱情之旅从此开始。他们签订了特殊的协议，不结婚，不要家庭和孩

---

① [法]克洛迪娜·蒙泰伊. 自由情侣—萨特和波伏娃轶事. 边芹, 译. 南京: 译林出版社, 2001: 13.

子，不互相欺骗，谁有了"偶然的爱情"都要告知对方，不修饰不伪装，直面人性中的懦弱甚至阴暗。

事实上，在他们波折不断的情人生活中，不止一次出现过三重奏的现象。西蒙娜曾和萨特的学生博斯特保持过近10年的情人关系，有人说是萨特为了让西蒙娜原谅他的不忠，主动将西蒙娜推到博斯特怀里。[1] 也有人说是因为萨特不能满足西蒙娜的性需求。[2] 美国情人尼尔森·奥尔格伦应当是她一生中最为炽烈的爱情，这份爱在两人肉体关系结束后依然持续了很久。萨特一生情妇众多，尽管他外表其貌不扬，但不知为何很有女人缘，或许是因为他聪明多才，或许跟他的名声地位有关。不过，他应该不单纯为了色，而是由衷地从内到外欣赏女人、也懂女人。法裔美国人多洛雷丝可能是他最宠爱的一位，但当多洛雷丝想要萨特娶她时，萨特做出了分手的决定，因为他不愿意为了爱而放弃自己的生活方式。不管世人能不能认同这样的生活方式，他们自认为尊崇了自由意志，是在身体力行自由哲学理论。

应当说，单纯把西蒙娜和萨特的关系定位在情侣层面，既无法真正读懂他们之间那份超越世俗的默契，也无助于看清他们一生孜孜以求的对自由的渴望。边芹在《自由情侣》的

---

[1] [法]克洛迪娜·蒙泰伊. 自由情侣—萨特和波伏娃轶事. 边芹, 译. 南京: 译林出版社, 2001: 7.
[2] 《淑媛》编辑部. 瞧, 这些女人. 桂林: 广西师范大学出版社, 2010: 120.

译序中这样评价这对"自由情侣"的实质:"西蒙娜不但是他事业上的同道,在多数情况下,还是他与异性关系的'同谋'。西蒙娜可能不是萨特一生的最爱,但他与她最长久,也最合得来。西蒙娜是他的同志,而不是爱人……他们的关系之所以牢固,是因为他们在精神上、事业上已密不可分。他们后来事实上已是事业伙伴,因为他们的关系已成为一种形象,两人中谁去破坏这个形象,都是两败俱伤。"[1]边芹给自由情侣加引号的原因从这段评论中可以窥见一斑。这也是我所认同的,这对情侣之间,至少从西蒙娜这一方来说,自由背后其实是有隐忧和负累的。

作为女权运动的杰出代表,西蒙娜一生都在实践自己的女性解放理念:像男人一样独立存在。还在少女时代,她对婚姻关系就显现出早熟的智慧。"既然父母感情并不好,那么婚姻也不是件快乐的事,嫁人有什么好处呢?她希望能找到一个让她崇拜的男人去爱,如果不能让她折服,那就一切免谈。"[2] 19岁时,她发表了一项个人"独立宣言",宣称"我绝不让我的生命屈从于他人的意志"。可是,看了她的传记,我不免还是有些黯然。

萨特无疑是她生命中最重要的一部分,他也成全了她别

---

[1] [法]克洛迪娜·蒙泰伊.自由情侣—萨特和波伏娃轶事.边芹,译.南京:译林出版社,2001:7.
[2] 《淑媛》编辑部.瞧,这些女人.桂林:广西师范大学出版社,2010:106.

样的人生。她可以像男人一样，有独立的经济和社会地位，尤其是独立的生活空间。甚至像男人一样，毫不掩饰自己的情欲。然而，两性之间的差异仍然有社会制度之外的生物学根源，这是如何努力都无法抹去的。即使勇敢如她，同样会在现实的落差面前痛苦万分。在情感上，萨特可以不在乎她身边的男人。而她，却做不到无视萨特的情人们，她还是会无法控制地妒忌，吃醋。我们一般会认为这是本能。可这样的情绪存在，在西蒙娜看来，恰恰显示了女人尽管可以独立存在，还是不可能与男人一样，由此产生的无助感也是她痛苦的缘由。从这个意义上说，她的痛苦无疑是双重的。也许，这就是激进的女权主义者的问题。同时，也昭示出西蒙娜的痛苦是必然的。

二战结束后，萨特和多洛雷丝的关系火热，更在剧本《幽闭》中以情人们为原型塑造了各种角色，这让西蒙娜不安与难受。她开始频繁创作小说，因为她觉得写作可以帮她维持和萨特的爱情。《自由情侣》中所提到的一个侧面也让我不由得感慨。西蒙娜常常会在某段时间，刻意生活在萨特视线之外的某个地方，不是出于需要，而是为了制造分离，为了维持萨特眼中的她始终是独特的、新鲜的形象。西蒙娜一生追求作为第二性的女人的独立存在。然而，当她为了萨特而必须孤独行走的时候，那种只能自己咀嚼的挣扎与痛楚，简直就成了萨特那句"他人即地狱"最真实的诠释。

1990年，西蒙娜的养女西尔维交付出版了《致萨特的信》和《战争日记》，这是根据西蒙娜1939~1941年间的日记和写给萨特的信整理成集的，其中涉及西蒙娜曾经的一个女学生比安卡·郎布兰。她看到西蒙娜对私生活的露骨描写后，写出《一个被勾引姑娘的回忆》。书中写道："波伏娃把班里的姑娘当作鲜肉，她总要自己先尝一尝，再献给萨特。总之我相信他们的条约，他们'偶然的爱情'是萨特为了满足征服的需要弄出来的，波伏娃也不得不接受这种讹诈。"[①] 显然，在比安卡的笔下，西蒙娜也是一个被伤害者。

总之，这一对我行我素的伴侣，必然会遭到不同的评说，不管是生前还是身后。我必须说，命运确实很神奇，它造就了萨特的特立独行，又让他遇见了同样超凡脱俗的西蒙娜。尽管还有别的亲密关系，但终其一生，他们彼此还是值得对方付出和信任的人。萨特在弥留之际，说的是：我非常爱你，我亲爱的海狸。自然，这爱的意义和我们一般理解与认同的爱情有很大差异。这世界如果没有海狸，他仍会有各式各样的情人，然而在灵魂深处一定会寂寞很多。这对独一无二的男女，究竟是谁成就了谁呢？只能说，假如没有对方，他们的人生注定会黯淡许多。只是，为何刻意制造分离来维系关系的人不是萨特，而一定要是西蒙娜呢？也许，这就是男女有别，谁都无法改变！女性主体性的实现，永远只能是相对的。

---

① 转引自《淑媛》编辑部.瞧，这些女人.桂林：广西师范大学出版社，2010：120-121.

现在，他们一起躺在巴黎蒙帕那斯公墓的同一个墓穴里，再没有女人能把萨特从西蒙娜身边带走了，一切终成定局。我突然想到中国那句古老的誓言：生不能同衾，死也要同穴。西蒙娜这样诠释他们的关系："他的死把我们分开了，我的死也不会使我们重新在一起，我们曾融洽、天长地久地生活在一起，这本身就是一件美好的事。"[①] 她内心真是这么想的吗？我们无从知晓。

行笔至此，窗外已是一片澄净，连续几天的雾霾终于消散了。自由情侣的故事，早已是历史。我好奇地窥视了一番，又明白人似的在这里指手画脚，可终究还是要继续过自己的平凡日子。所谓惊天动地，对大多数普通人而言，只具有审美的价值，在日复一日的波澜不惊中品评一下可望而不可即的传奇后，能够心平气和地看待自己的家常生活。

---

① 转引自《淑媛》编辑部. 瞧、这些女人. 桂林：广西师范大学出版社，2010：123.

弗吉尼亚·伍尔夫 / 爱也不能挽留她

【弗吉尼亚·伍尔夫小像】

1882年,弗吉尼亚·伍尔夫出生于英国伦敦一个文学世家,父亲莱斯利·斯蒂芬爵士是著名的文学评论家、学者和传记家,交往的都是文学界、学术界名流。这种生活环境深深地影响了弗吉尼亚的精神世界和作品。由于健康原因,她在家接受教育,并阅读了父亲极为丰富的藏书。1895年,母亲去世,弗吉尼亚第一次精神崩溃。1904年,父亲去世,她第二次精神崩溃,并试图跳窗自杀。

父亲去世后,她和兄弟姊妹租住在伦敦布卢姆斯伯里的戈登广场46号,这里逐渐形成了一个文艺和学术的中心,也就是著名的"布卢姆斯伯里集团"。这里面包括了当时文化界的大批精英,核心成员有:作家伦纳德·伍尔夫、传记作家立顿·斯特雷奇、文学批评家德斯蒙德·麦卡锡、画家邓肯·格兰特、作家福斯特等。除此之外,哲学家罗素、诗人乔伊斯、小说家亨利·詹姆斯和奥尔都斯·赫胥黎也与布卢姆斯伯里团体过从甚密。

1912年,弗吉尼亚与作家、费边社员、社会政治评论家伦纳德·伍尔夫结婚。然而，她的一生始终受到精神疾病的困扰，1913年7月，又一次精神病发作。1915年，最严重的一次发作了，持续了9个月。好在患病期间，丈夫对她体贴入微，使她深受感动。

1913年，弗吉尼亚的第一部小说《远航》完成，但该书的出版由于她的病情和第一次世界大战的爆发而耽搁。此后，弗吉尼亚创作了大量的作品，包括实验性小说《雅各的房间》，小说《达洛维夫人》《到灯塔去》《奥兰朵》《岁月》，长篇散文《一间自己的屋子》《海浪》《三个基尼金币》《罗杰·弗赖伊传》《幕间》。

这些作品充分显示了弗吉尼亚·伍尔夫在小说创作和文学评论两方面的卓越才华。她同时被誉为世界三大意识流作家之一，女权主义运动的先驱人物。她竭力为妇女争取选举权、教育权及自由权等，这些在她的小说《奥尔兰多》、长篇散文《一间自己的房间》《三个基尼金币》及许多书评和散文中都有反映。

1941年3月28日，在完成《幕间》的写作后，弗吉尼亚预感另一次精神崩溃即将到来，她担心自己永远不会再好转，在留下两封分别给丈夫伦纳德和姐姐凡奈莎的短信后，投入了位于她家附近的欧塞河，终年59岁。

伦纳德将弗吉尼亚的骨灰葬在了家中的一棵树下，墓志铭是她的小说《波浪》的尾声："死亡，即使我置身你的怀抱，我也不会屈服，不受宰制。"

看到她的脸庞，我明白了什么是忧郁到无从安慰，那是一种彻底的沉溺，无论对她还是看着她的人，都只有无助到绝望。她似乎一直活在自己的世界里，而且经常是一个被幻觉扭曲的世界。她是那么的敏感、脆弱，玻璃一般易碎。然而，她又是那么的充满激情，才华横溢。有人评价：她的记忆有着隐秘的两面——一面澄明，一面黑暗；一面寒冷，一面温热；一面是创造，一面是毁灭；一面铺洒着天堂之光，一面燃烧着地狱之火。

她是弗吉尼亚·伍尔夫，1882年出生于英国伦敦，英国女作家、文学批评家和文学理论家，意识流文学代表人物，被誉为20世纪现代主义与女性主义的先锋。两次世界大战期间，她曾是伦敦文学界的核心人物，被身边的男人们比喻为"英格兰的百合"。然而，这个一生都在优雅和疯癫之间游走的女人，爱也不能挽留她。1941年3月28日，她在自己的口袋里装满石头，自沉于家附近的欧塞河。在这之前，她曾几度精神崩溃。

她留给丈夫的遗言是这么写的："亲爱的，我感到我一定又要发狂了。我觉得我们无法再一次经受那种可怕的时刻。而且这一次我也不会再痊愈。我开始听见种种幻声。我的心神无法集中。因此我就要采取那种看来算是最恰当的行动。你已给予我最大可能的幸福。你在每一个方面都做到了任何人所能做到的一切。我相信，在这种可怕的疾病来临之前,没有哪两个人能像我们这样幸福。我无力再奋斗下去了。我知道我是在糟蹋你的生命;没有我,你才能工作。我知道,事情就是如此。你看,我连这张字条也写不好。我也不能看书。我要说的是:我生活中的全部幸福都归功于你。你对我一直十分耐心,你是难以置信地善良。这一点,我要说——人人也都知道。假如还有任何人能挽救我,那也只有你了。现在,一切都离我而去,剩下的只有确信你的善良。我不能再继续糟蹋你的生命。我相信,再没有哪两个人像我们在一起时这样幸福。"[1]

这是一个肉体和灵魂都充满煎熬的女人,终生负载着童年时期留下的严重心灵创伤。从6岁开始,她就受到同母异父的两个哥哥的性侵犯,这导致她成人后非常厌恶和恐惧性生活,更不愿生儿育女。13岁时,母亲、父亲、姐姐等家族中的至亲不断死亡。也许,正是这些常人无法承受的经历,还有异乎寻常的精神气质,造就了她那风格独特的意识流小说。其中的敏感与洞察力一定意义上直接来自她自身的体验,乃至于游走在疯狂边缘的病态心理也因此被淋漓尽致地诉诸笔端。从这个意义上说,我们或许不得不承认,恰恰是这种连想象都很难企及的现实境遇,造就了她独一无二的天才般的潜质。这对读者或许是幸运的,于她,则用悲剧一词都显得过于轻飘。

---

[1] 转引自 洁尘.小道可观.北京:中国社会科学出版社,2008:39.

在她的一长串作品清单里，我曾经读过《一间自己的屋子》，是根据她在纽纳姆女子学院和戈廷女子学院的两篇演讲论文修改扩充的，主题是关于"妇女和小说"。当然，这部作品也是她作为女权主义者的代表作。实事求是地说，刚打开这本书，有些看不下去，意识流的写作手法以及对西方文学的生疏，让我一头雾水。直至看到一半的时候，出现了直接对女性生存现状的描述与分析，我才似乎走了进去，也才渐渐看明白她的内在逻辑。后来，也偶尔翻过她的其他一些作品，但大多觉得很隔膜。一方面是因为时代和文化环境的差异着实有些大，也可能还有翻译的问题。自然，我还一度惭愧于自己的水平。然而，假如当时读的时候，我就知道她的作品有不少是在半疯癫的状态下完成的，是不是会释然于自己的看不懂呢？抱歉，这么说好像对她有些残忍。只能说，凡人如我，多多少少都有委过于人的本能吧。

回到弗吉尼亚·伍尔夫，从她的遗言中可以看出她是多么感激丈夫。其实，在自杀前的很多年，她就一直深受疯癫和幻听等精神分裂的折磨，用她自己的话说："要不是为了他的缘故，我早开枪自杀了。" 伦纳德，这个几乎可以称为伟大的男人，用一句简短的话解释了他坚持下来的原因："她是个天才。"是啊，假如没有伦纳德的坚持，我们何以能够看到弗吉尼亚的惊世之作？假如"男人是用下半身思考的动物"这个说法成立的话，伦纳德无疑是在与自己的本性做斗争。尽管他也曾写过《智慧的童贞女》，借以发泄因不能唤起弗吉尼亚的性意识而产生的愤愤不平。然而，最终还是走向了追求精神之爱的超脱境界。我想，他最初写给弗吉尼亚的情书，从某种意义上也能解释他的这种选择："我自私，嫉妒，残酷，好色，爱说谎而且或许更为糟糕。因此，我曾告诫自己永远不要结婚。这主要是因为，我想，我觉得和一个不如我的女人在一起，我无法控制我的这些恶习，而且她的自卑和驯服会逐渐地使我变本加厉……正因为你不是那种女性，就把这种危险无限的减少了。也许你就像你自己说的那样，有虚荣心，以自我为中心，不忠实，然而，它们和你的其他品格相比，是微不足道的。你是多么聪明，极致，美丽，坦率。此外，我们毕竟都喜欢对方，我们喜欢同样的东西和同样的人物，我们都很有才气，最重要的还有我们所共同理解的那种真实，而这对于我们来说，是很重要的。"[1]

才华，以及共同认可的真实，从这封情书中看应该是他能坚持下去的关键。然而，这世上什么东西是只有好处没有坏处呢？我想起了洁尘对此事的评价："要想获得日常的幸福，就应该避免与天才遭遇；跟天才在一起生活的人，是相当困苦甚至是相当悲惨的。所谓天才，一般来说都是非常自我中心的人，这种自我是火焰，是光源，是能量的出发点，它提供并保证才华的充分释放，同时，它的强度和杀伤力也一定让其

---

[1] 转引自《淑媛》编辑部.瞧，这些女人.桂林：广西师范大学出版社，2010：36.

身边人深受其害。"[1]

当然,我们都是局外人,也都是普通人。看天才女人们不朽在戛然而止,钦佩与惋惜的同时,那些满是烟火气的平凡甚至琐碎,竟由此获得了分外安全、真实的质地。就让我带着这样的安慰进入温暖的梦乡吧!

晚安,深夜。

---

[1] 洁尘.小道可观.北京:中国社会科学出版社,2008:37.

卡米耶·克洛岱尔与汉娜·阿伦特 / 毁灭抑或重生

【汉娜·阿伦特小像】

1906年，汉娜·阿伦特出生于德国汉诺威的一个犹太人家庭，少女时代的她早慧而叛逆，大量的阅读使她的内心被一种想要认识生命本质的渴望所充满。

1924年秋，汉娜·阿伦特慕名来到马堡大学哲学系，投师于马丁·海德格尔门下。很快，他们之间就发展成为恋人关系。然而，35岁的海德格尔已结婚并有两个儿子，他们的关系不能危害到他的婚姻和前途。于是，他们事先设定好一些秘密信号安排幽会。就在这一时期，海德格尔开始写他那部有着里程碑意义的著作《存在与时间》，汉娜是他的善神，没有人能像她那样理解他的思想，给他灵感。这也决定了在他们的恋情中，汉娜依然是学生，她只能是他忠诚的情侣和思想的崇拜者。

这种关系让汉娜有些担心，因为她失去了自主性。1925年夏，她转学到弗雷堡大学听胡塞尔的现象学课。1926年，经海德格尔的推荐，汉娜转至海德堡大学卡尔·西奥多·雅斯贝尔斯的门下。尽管她的心留在了马堡，但依然想尝试着挣脱海德格尔，她故意没有告诉海德格尔她在海德堡的新地址，可他还是想办法找到了她，他们又恢复了秘密关系。汉娜很矛盾，她不想完全失去独立人格，但海德格尔一召唤，她的心就乱了。

1928年，汉娜获得哲学博士学位。此时的海德格尔作为哲学家已然取得了巨大成就，他的《存在与时间》已出版，他作为胡塞尔现象学的继任者，已在弗雷堡大学任教，该结束他和汉娜的关系了。这让她陷入深深的绝望之中，她说："倘若我失去了对你的爱，我也就失去了生活的权利。"此后，汉娜移居柏林。1929年，汉娜与报刊作家君特·施特恩结婚。

1933年，希特勒上台后开始了大规模迫害犹太人，汉娜放弃书斋生活，帮助犹太人、共产党人和社会民主党人逃亡，曾被盖世太保抓捕。获释后，汉娜逃离德国，经布拉格流亡到巴黎。在法国逗留期间，她还致力于救助犹太难民。随着第二次世界大战爆发，法国部分领土被纳粹德国占领，德国占领当局逮捕犹太人并送往集中营，汉娜不得不再次流亡，离开法国。

1941年，汉娜到了美国。1951年，汉娜成为美国公民。同年，《极权主义的起源》一书出版，带给她作为政治理论家的国际声望。20世纪50年代中期，汉娜开始从政治领域转向对人的研究，试图用现象学方法重新评价人的活动。从1954年开始，她在美国加利福尼亚大学、普林斯顿大学、哥伦比亚大学、社会研究新学院、纽约布鲁克林学院开办讲座；后担任过芝加哥大学教授、社会研究新学院教授。1959年，她成为普林斯顿大学任命的第一位女性正教授。随着《人的状况》《在过去与未来之间》《论革命》等著作的出版，汉娜·阿伦特成为20世纪政治思想史上的瞩目人物。

第二次世界大战结束后，汉娜与海德格尔恢复了联系，并在德国的一次去纳粹化听证会上为其作证（二战期间，海格德尔曾公开宣誓支持希特勒的纳粹政权），她的一生与海德格尔结下了不解之缘。1975年，汉娜·阿伦特逝世，享年69岁。

大师的光环背后，隐隐约约都能看到美丽而落寞的身影，她们试图走到光亮处，有的重生了，跌跌撞撞；有的沉寂了，默默无闻；更有的，毁灭了，玉石俱焚。激情可能是创造力的源泉，也可能是走向疯狂的前奏。当我看完了《爱这个世界——汉娜·阿伦特传》，不由自主的，卡米耶·克洛岱尔[①]的形象也浮现出来，她俩交替在我的思绪中盘桓，不肯轻易离去。因为她们都曾在大师的智慧和情感的笼罩下欢乐过，痛苦过，挣扎过。但她们并不是花瓶，而是拥有极高天分的女子，在各自的领域里都迸发出璀璨的光芒。然而，当人们说起她们的时候，总把她们和大师们连在一起，而并不把她们作为有成就的独立个体。

我不想从道德的角度对他们的关系说长道短，我关注的是：激情过后，她们的命运。短暂的交集后是注定的分离，她俩在这一阶段的境遇惊人的相似，甚至被遗弃的理由都几乎是一样的。不能不说，无论大师还是普通人，比起男人，女人更纯粹，因此更容易被伤害。然而，她们此后的命运却大相径庭了，一个实现了重生（尽管汉娜·阿伦特终其一生都没有完全摆脱海德格尔的影响，但她毕竟有自己的生活）；一个走向了毁灭，在疯人院度过了三十年，有些令人不寒而栗。

---

① 卡米耶·克洛岱尔（1864~1943年）：法国天才女雕塑家。雕塑大师奥古斯特·罗丹的学生，也是他的情人和艺术的竞争者。

玉石俱焚的卡米耶·克洛岱尔

卡米耶是法国的天才女雕塑家。然而，很长时间以来，人们都称她为"罗丹的情人"，津津乐道的是她和罗丹的情事。当那段历史逐渐离我们远去，笼罩在罗丹阴影里的卡米耶，才以雕塑家的身份重现在欧洲艺术史的图谱中。然而，遗憾的是，她留下的作品并不多。

卡米耶从20岁开始，为罗丹做工人、模特、缪斯和性伴侣。然而，当她自认为是罗丹生命中不可或缺的唯一时，分裂不可避免地开始了。"你必须在我和罗丝之间做出抉择！你爱不爱我，你愿意娶我吗？"这是所有女人验证男人感情的不二法门。然而，卡米耶失败了，不是败给另一个女人，而是败给了男人的名誉、地位。如果仅仅终止在此，这个故事跟所有的情事没有任何两样。

他俩深层次的矛盾，在卡米耶离开罗丹，为自己创作并获得瞩目后清晰呈现出来。

卡米耶："你怕我超越你吗？"

罗丹："不，不，也许怕你抄袭我吧。"

卡米耶："我已赢得做我自己作品的权利，我本来就有这个权利！"

罗丹："如果你的作品是要丑化我摧毁我，那你就得放弃！……把你的创意交给我。你与我没得比，你只是三流的雕塑家。"

卡米耶："你为什么要这么恶狠狠地打击我？"

罗丹："你为了雕塑太过争强好胜了……"

卡米耶："你这是妒忌！"

罗丹："我做有生命的雕塑，不是死的。你轻视生命，只寻求痛苦。因痛苦而醉酒，你还创作痛苦。你把自己刻画得像个受害者，像个烈士！"

卡米耶："说什么便宜话，要知道是你造成了我的痛苦。我为你拼死拼活地干，好让你有工夫去外面四处钻营，大搞公关活动。你经营三个工作室，有一群学徒由你呼来唤去，他们敲打石头，你只做些扫尾工作。请问，艺术家是这样工作的吗？"

罗丹："好啊，好啊！你终于变成了我最强的敌人。"

卡米耶："我现在才体会到，我的青春，我的作品，我的一切，都被你偷走了。我希望从未遇见你，我情愿去一家疯人院！"[1]

卡米耶盛怒之下的最后这句话，真的一语成谶。她生命的后30年，就是在疯人院度过的。写到这，心里有些沉重！看卡米耶的照片，那是一张桀骜不驯的脸，有一种凌厉的美。然而，也是强硬、决绝的。她的毁灭，除了罗丹，应该跟她的家

---

[1] 转引自 默默.二十世纪西方先锋女性传奇.成都：四川文艺出版社，2011：93.

庭以及性格也有很大关系。

在他俩的交往中，罗丹是自私的，这用不着再说。罗丹说她的作品只表现痛苦，我想也是中肯的，只是他俩的关注点不同。卡米耶纠结在这些痛苦产生的原因，而罗丹就作品本身发表意见。如果说，她在一段时间内很难摆脱对罗丹的怨恨，是可以理解的。但要是把这个作为奋起的唯一动力，作为宣泄痛苦与悲愤的出口，那就只能把自己逼入绝境。她与罗丹宣战，与世俗对抗，在当时的现实环境中，需要过人的勇气承担失败的后果。卡米耶就像一块玉，透彻然而极其脆弱，最终玉石俱焚了。说到底，无论是爱也好，恨也好，终究都缘于太在乎那份感情的结局。她就像流星般一闪而逝，不能不说遗憾。她的才华原本可以为世人留下更多杰作。

破茧成蝶的汉娜·阿伦特

最早看到汉娜·阿伦特的名字，是在文聘元的那本《你不可不读的西方哲学故事》。他在介绍海德格尔的时候，作为知识链接，提到了她。不过，几乎只字未提她跟海德格尔的关系，只写他俩亦师亦友。可能是因为跟作者的讲述主题没关系，也可能他并不认为这是一件值得特别写的事。当然，或许是他更倾向于把阿伦特看作一个独立的思想家，与海德格尔无关，与他俩的私生活无关。然后，看到这本传记，我才知道，他俩几乎纠结一生。

汉娜·阿伦特遇见海德格尔的时候18岁，她是慕名而去的。这是一个早熟早慧的女子，也许跟父亲的早逝有关，也许是与生俱来的。尽管第一次离开海德格尔是被迫的，但我从头看到尾，都有一种感觉，海德格尔之于汉娜，更多的带有一种神性的意味，而不仅仅是世俗的爱恋。无论是最初的热恋，后来的分离，还是二战后为海德格尔所做的无原则的辩护。我想，如果人生可以重新来过，她仍然不愿错过他。有人说爱中的女人是非不分，我更想说，她不见得不了解海德格尔的品行，她无法抗拒的是他智慧而深邃的思想。换言之，以她的早慧和对哲学的热爱，当年在同龄人中间，很难找到与之匹配的男人。她命中注定会崇拜他，追随他，无怨无悔。当然，仅就两人对这种关系的姿态而言，与海德格尔相比，汉娜是纯粹，因此高贵的。

传记里提到他俩在分别近二十年后的见面，起初有些尴尬，海德格尔开口谈起哲学，两小时后，汉娜再一次被他思想的魅力所征服。她在事后给海德格尔的信中说："那个晚上与前日清晨，是对整个生命的确认……当侍者说出你的名字……时间似乎突然静止不动了……在弗雷德里希给了我你的地址后，我的本能的力量仁慈地拯救了我，使我没有犯下唯一真正不可原谅的不忠诚行为，使我没有错误地对待自己的生活……如果我这样做了,那也只可能是出于骄傲,亦即出于纯粹、清晰、疯狂的愚蠢,而不是任何别的原因。"[1] 传记的作者推断,汉娜在这里说的"不可原谅的不忠诚行为",大概指的是阻挡海德格尔的出路,因为他在二战期间曾公开宣誓支持希特勒的纳粹政权,战后受到审查并一度被禁止上课。

当海德格尔无法面对她巨大的成功时,又是汉娜做出了妥协。她给雅斯贝尔斯的信里不无幽怨地写道:"在他面前我这一生都在扯谎,装着好像我不存在,好像除非是在给他当传声筒的时候,否则我连数数都不会;在那种时候倘若证明我不仅可以数到三,甚至可以数到四,他就很高兴了。现在我觉得这种谎言突然间变得很无聊,而且我得到了教训。当时有片刻工夫我很愤怒,现在我根本不恼火了,我倒是觉得不管怎么说那一切都是我应得的——无论是过去的谎言还是突然终止的游戏。"[2]

分离,曾让她伤心欲绝,也让她走向独立。汉娜·阿伦特从这段情感中成长起来,她拥有了更安全的生活(我所说的安全,并不是现实生活中的,而是指心理和情感上的。事实上,因为是犹太人,她在二战中颠沛流离。)然而这种安全的代价,却是或多或少地隐藏或放弃了真实感情。我揣测,她虽

---

[1] [德]阿洛伊斯·普林茨. 爱这个世界:汉娜·阿伦特传. 焦洱,译. 北京:社会科学文献出版社,2001:123-124.
[2] [德]阿洛伊斯·普林茨. 爱这个世界:汉娜·阿伦特传. 焦洱,译. 北京:社会科学文献出版社,2001:206.

然后来遇到了那个大地一般的男人，海因里希·布鲁希尔，然而，内心深处，却始终保持着对海德格尔精神上的忠诚。否则，她也不会明知海德格尔与纳粹的关系，还毅然替他辩护。我很感慨的是，海德格尔的爱和分离对她同样重要，缺一不可。恰恰是分离，让她强大起来。可以说，起初，她的作品也是疗伤的一种方式。渐渐的，她越走越远。

看看她的成长历程吧。当热恋结束后，海德格尔为了自己的地位和名誉，要求汉娜离开，并且没有他的允许，不可以给他写信。为了减轻失恋的痛苦，她关注了拉赫尔·瓦伦哈根这个犹太女人，并写了《拉赫尔·瓦伦哈根：一个犹太妇女的生活》一书，希望借此梳理自己，唤醒自我意识。然后，犹太人问题逐渐进入她的视野。从此，个人的问题不再是个人的；而是同其他人、同包含所有人在内的公共领域中发生的事情联系在一起。远离海德格尔的岁月中，她写作、教书，在美国和欧洲之间奔波来去，参加各种活动。《极权主义的起源》《人的条件》《论革命》《共和危机》《在过去和未来之间》《精神生活》等一批影响深远的著作相继问世。

海德格尔在她的一生中无疑都很重要，但他绝不是她生活的唯一内容。我想，这应该是她和卡米耶不同结局的根本原因。很难用幸运还是不幸、快乐还是痛苦这样简单的二元对立去概括他俩之间的关系。不知怎的，想起张爱玲的那段话："于千万人之中遇见你所遇见的人，于千万年之中，时间的无涯的荒野里，没有早一步，也没有晚一步，刚巧赶上了，那也没有别的话可说"。[①] 似乎有些风马牛不相及，可我就是想起了。

平和，有时是一种睿智。认命，有时是一种解脱。汉娜·阿伦特做到了，而卡米耶没有。

---

① 兰云月.民国才女美文集(金卷).北京：北京燕山出版社，2009：65.

第二篇

自我成长与觉知

普通女性的人生，
该是安安分分地学习、工作，做好社会角色需要我们做的事；
恪尽职守地陪家人，应对人情世故，
做好家庭角色需要我们做的事；
间或行走在路上，或读书或旅行，
经由陌生环境和氛围营造的新鲜感，
享受一下与真我的联结，从而得以修复和完善。

穆旦在《冥想》中说：
"我冷眼向过去稍稍回顾，只见它曲折灌溉的悲喜，
都消失在一片亘古的荒漠，
这才知道我的全部努力，不过完成了普通的生活。"

作为一个普通人，我无法做到冷眼向后看，
而是怀着无限温情，努力用一支普通女子的笔，
絮絮写下我亲历的亲情、友情、爱情，不完美却丰沛；
从一双普通女子的眼，悠悠观察我置身其中的生活百态，
未必涉足却满怀好奇；
以一颗普通女子的心，细细体会我感受到的人情冷暖，
或许不认同却试着去理解。

归根到底，传奇的人生更适合旁观与评说。
普通人的幸福则需安住在一粥一饭、一草一木的寻常生活里。

自行车、爸爸和我

自行车现在已经是普通得再也不能普通的物件了，但在20世纪60、70年代它算一件奢侈品，和缝纫机、手表一起被列为所谓的"三大件"，是一个家庭富裕的象征，自然也成为姑娘找婆家的重要衡量标准。

我出生在70年代中期，不知道我家第一辆自行车是什么时候买的，反正从有记忆开始，我和妹妹就常常被爸爸带着到处跑，我俩一前一后紧紧挨着坐在自行车的横梁上，舒服不舒服是不记得了，只知道有爸爸的两只胳膊圈着很安全，那时觉得爸爸好高大啊。妹妹当时正在学说话，爸爸一边骑，一边教她说："肉肉、糖糖"啥的。想来那会儿确实穷，大人教说话都从最迫切想要的吃食开始。这样算来，妹妹一岁多，我应该四岁左右。对于爸爸的教法我有异议，干吗说"肉肉，糖糖"，肉就是肉，糖就是糖嘛。但是爸爸听了，哈哈笑了，依旧一个一个叠词对她说。

现在觉得，爸爸之所以那样教，心里是怀着对小女儿的浓浓宠溺的，因为叠词听起来带着稚气、甚至撒娇的意味。那么，我当

131

时之所以有异议,是不是潜意识里有点妒忌妹妹被爸爸宠着呢?后来我自己的女儿开始学说话时,我从不对她说叠词,一个词,成年人怎样说我就怎样教她。所以,她的语言表达很小就非常清楚和准确。妹妹的儿子也是这样,妹妹一般都用成人的口吻跟他交流,或许因为他是小男生,发音不是很清晰,刚会说话那两年叫"姥姥"都是"恼恼"。但小家伙的表达欲很强,说话语速也快,不像他的爸爸妈妈,倒有几分像我,妹妹有时会感慨"基因真强大"。遗憾的是,爸爸过世得太早,没能看见他的外孙和外孙女,否则是不是还会教他们说"肉肉,糖糖"呢?

我开始学骑车是小学三年级。那时还没讲究到分男式、女式车。我家的是飞鸽牌28型,爸爸妈妈都可以骑。刚开始我想偷偷学,趁他们不注意,提心吊胆地推着车离开我家很远一段距离,到学校前边的一条大马路上。那时都是土路,路的一边是棉花地,另一边是学校的操场。虽说是大路,但很少过拖拉机,汽车更是稀罕物,很安全。第一步先学"套腿"(我们当地那么叫,就是一条腿从链条盒上方迈过去,稍微半蹲着,大半个身子都在横梁下边)。想想小孩子就是胆大,我瘦瘦小小的,推着自行车尚且趔趔趄趄,竟想着要骑了。结果可想而知,连人带车翻倒在地,我被重重压在车下动弹不得。只听见操场上一些大孩子哈哈笑,说我是"愣头青,活该"。等我艰难地从车下爬出来,又费劲地把自行车扶直了才发现,车头已经严重歪在一边,没法骑了。

回家后爸爸说我:"傻丫头,想学要跟大人说啊,没人扶怎么学?明天我给你扶着再骑。"妈妈想说什么,但看看我欲言又止。后来有一段时间,每天放学后,爸爸就带着我去学骑车,他总说:"别怕,爸爸给你扶着呢。"我听见他在后面跟着跑,真以为他给我扶着呢,所以特别胆大,很快就学会了。当然只是"套腿",因为我还太矮,没法坐到车座上骑。即便如此,我也很满意了,至少比走路快啊,况且好歹这也算长大了不是?妹妹就不会骑嘛。

不多久,大家就常常能看到一个很有趣的场景,瘦瘦小小的我得意扬扬骑着"套腿",胖乎乎的妹妹很沉静(小时候她挺胖的,按我妈妈的话说,就是脸总沉着,表情很严肃。眼睛不看人,你跟她说话,她就低着头,偶尔抬起眼迅速看你一下,又低下头去)、放心地坐在后座上被我带着在连队到处跑。大人们都很善意地调侃我:"哟,妮妮真厉害啊,都能骑车带妹妹了。"再然后,我长高一些了,就把一条腿从横梁上迈过去,两脚蹬着脚蹬子,整个身子直立着骑,虽然很辛苦,姿势也很不雅观,但速度大大加快了,妹妹依旧安然坐在后座上,从来不担心被摔着。

很久以后,爸爸才告诉我,其实他只是头几天帮我扶着车,后来都是跟在我后边,压根没扶。因为妈妈对他说:

"妮妮的平衡能力挺好,不要惯着她,只要让她知道你在扶着,有胆骑就行,骑两步就撒手让她自己练,不行时你再扶一把。"

等我开始上中学时,就要到营部去上学了,当时连队只有小学。每天都要骑着自行车至少40分钟才能到学校,因为我家是离营部最远的连队。平时还好,碰到下雨天就糟了。地上一片泥泞,骑一会儿链条里就塞满了泥,要用木棍把泥清出来才能再走。有一次,雨太大了,我在路上整整耽搁了快两小时才到家。又累又饿,吃过饭就睡觉了,作业都没写。妈妈觉得这样下去会耽误我学习,下决心要离开那个连队,到团部去,让我上那里最好的中学。

可是,父母毕竟都是普通老百姓,爸爸要想调到团部去工作不是一天两天的事。唯一的机会就是我的表姑父在团部中学当老师,我可以当借读生。可住在哪呢?表姑几经犹豫,最终只好同意我寄住在她家,其实我到那个学校很快就给他们争气了。因为是借读,又是从基层连队去的学生,刚开始班主任很不愿意收,但碍于同事介绍,又不好拒绝。

我至今还很清楚地记得,那天姑父把我带到教师办公室就上课去了。等我的班主任下课回来,有人告诉她我就是那个借读生,她竟当着我的面就说:"又来了一个,真讨厌。"客观地说,她不是针对我,毕竟我们第一次见面,应该是此前还有类似情况。但对一个正处于青春期的孩子来说，这样说终究是伤自尊的。她有些厌恶地瞅了我一眼，没好气地说："搬着那个凳子跟我去教室吧。"我就这么不受欢迎地被留下了。没想到，那学期期末考试我在全年级排名第二。从此，班主任见到我姑父就眉开眼笑，谢谢他送来了一名好学生，我也很快帮着她批改学生作业了。

一年后，爸爸调动工作的事还是没有眉目，而我已经很不乐意寄人篱下了。虽说他给姑姑的生活费超过了我实际要用的，而且每次去看我，他都用自行车驮着满满两筐蔬菜或水果，但孩子毕竟要操很多心，不只是物质方面的。看着姑姑阴沉的脸，我跟爸爸闹着要转学回去，坚决不在她家了。有一次，看我哭得厉害，爸爸也流泪了。其实依他的话，根本不主张我出来上学。他觉得，人家的孩子不都在营部读嘛，怎么就不行了。下雨天毕竟是少数，实在不行他请假去接我。至于考大学，那还多远的事呢。现在看来，爸爸无疑是短视的，而且也是无原则地宠爱孩子。妈妈去看我也哭，但她坚决不同意我回去。最终，她在离团部最近的连队租了一套简陋的房子，把妹妹也转来上学，那里步行离学校也只要15分钟。

自行车的故事再往下讲，就到了我中考那一年暑假，也就是京城发生大变故那年。对于生活在西北边陲、还不满15岁的小姑娘来说，那些事情太遥远了，我当时正处在学做菜的热情中一发不可收拾。因为外祖父病了，妈妈回老家去照顾他，我就成了家里做饭的主力。一连好几天中午我都不厌其烦地尝试做麻婆豆腐，想把它做得尽善尽美，可怜的爸爸和妹妹成了我的试验品。

直到第五天中午，爸爸终于忍无可忍地说："妮妮，咱们能不能别吃豆腐了啊？"好吧，我又试着做红烧鸡块。那几天爸爸说他吃饭往下咽时总觉得有东西挡着，已经到医院检查了，在等结果。做红烧鸡块自然是要放酒压腥气的，那时还很少用料酒，去腥气就直接用喝的白酒，我家总有。因为爸爸特别喜欢喝酒，他常常是一次就买一大壶（就是那种白塑料壶，散装的），几乎从没断过。没想到，爸爸吃鸡时，居然跟我说："以后别放酒了。"我很纳闷，但他也没再说别的，很平静地继续吃。下一次我再做时，还是放了酒，因为菜谱上那么要求的。爸爸发脾气了，对着我吼了一句：不是跟你说不要放酒吗？然后，甩下筷子出门了。他很少这么发火，我和妹妹有点傻了。我很委屈，辛辛苦苦做了饭，不被夸也就罢了，怎么还挨训呢。

这事当时就这么过去了，快开学时，妈妈不放心我们，外祖父的病稍好一点她就回来了。爸爸直到那会儿才告诉我们，他检查出食道癌，原因不清楚，但要尽快做手术。我和妈妈妹妹当时就哭作一团，那时候得癌症还不常见，尤其爸爸才不过40多岁，他从来都不生病，怎么可能得癌症呢？尽管我们都想不明白，但事实终归是事实。很快父母商量了做手术的方案，当地的医疗水平太差，如果去w市，我和妹妹在家又没人照顾，爸爸的哥哥在内地一个县城的医院当院长，他已经联系好了，去那里做。况且想着他的兄弟姐妹都在那儿，做了手术有人照顾。

没想到，爸爸这一走就是近一年，没有任何消息。那时家里都没电话，只能靠写信联系，但他一封信都没写，我们以为再也见不到他了。直到有一天，妈妈正在轧面条，我和妹妹在里屋写作业，突然听到爸爸在外边喊："瑞瑞（我妹妹的小名），我回来了。"妈妈手里的面条啪地掉在地上，我和妹妹惊叫着跑出去。爸爸还是那样，只是更瘦了。他笑嘻嘻地看着我们，眼里却分明有泪。为了掩饰，他忙不迭蹲下身，从提包里往外掏东西，说是给我们带的好吃的。

我一边高兴着爸爸终于回来了，一边又有些难过，因为爸爸进门喊的是妹妹的名字。他跟我们解释不写信的原因：手术风险很大，很可能他就死在手术台上了。所以从离家的那一天，他就没抱着能回来的想法，就让我们当他已经不在了。后来手术还算可以，只是术后感染了，照顾的也不好。没想到，竟还能活着回来。当妈妈追问怎么照顾不好了，他轻描淡写地几句话带过了。还是表姑跟我们说，他对兄弟姐妹挺寒心的。本想着钱给他们比雇人要放心，自己亲兄弟也会好好照顾他。谁知，挥霍的倒是不少，他躺在病床上有时竟连按时吃饭都做不到，更别说吃得有营养了。但事已至此，自家兄弟还能说什么呢？

尽管爸爸活下来了，但癌细胞还是有扩散的危险。因为他一年没上班，还有术后要恢复，所以基本就在家歇着了。大约半年后，有一天我放学回家，看见爸爸正在院子里组装一辆崭新的自行车。原来爸爸的一个朋友开了一间五金店，从外边购进自行车配件，回来组装后出售。他就委托我爸爸做，说好装一辆车给多少钱。

从此，我就帮着他一起干。起初就是紧紧螺丝，安车把、支架还有车座等。后来就跟他学安轮胎、编辐条，这是最难的技术活。因为力道要均匀，编得不好车骑上就会左摇右晃。全部组装好以后，还要骑着实验，调整辐条，还有车闸的松紧等。我明白爸爸是想做些力所能及的活，减轻家里的负担。但他毕竟是做了大手术，前胸的伤疤触目惊心。有一次，为了紧螺丝，他用劲太大，我眼看着他腋下的衬衣渗出了血迹。因为伤口恢复得不好，根本不能用力的。我告诉妈妈后，就不让他再做了。可癌细胞还是无情地扩散转移了。这次他坚决放弃治疗，准备听天由命。对外说不想再受二茬罪，其实他是不想再花钱，况且家里也没什么钱了。因为没钱，妹妹就没读高中，初中毕业后直接考了石油系统的小中专，为的就是能早点出来工作。而眼看我又要上大学，还需要钱。妈妈无奈之下也同意放弃治疗。最终，在我准备考大学的那年春天，爸爸走了。

后来我很少骑自行车，但它与我的缘分却那么不可思议。生女儿时是剖腹产，她出生不到三个月，我就查出甲状腺囊肿，需要做手术。先生那会在北京读研，我只好在手术后把孩子完全委托给婆婆，自己在家调养。那天骑着自行车去婆婆家给女儿送奶粉，回来的路上兴许是脑子里想着事，路口拐弯时没留心，被后面的一辆面包车撞了。现在想想真后怕，幸好只是面包车！但右手臂还是骨折了，又要做手术。那一年我才懂得什么叫流年不利，半年时间里做了三次手术！到现在还留有难看的伤疤。只是当时竟没顾上自哀自怜，一门心思想着怎么应付难关呢。当然，每到最困难的时候，妹妹都会在第一时间出现在我身边，那个小时候一直无比信任地坐在我的自行车后座的胖丫头，成了我身后强大的支柱，无论是物质上还是精神上。

一晃，爸爸走了二十多年，女儿也上中学了。她早就嚷嚷着要买自行车，那种成人的，我和先生一直没答应。前一阵先生出门在外，不知怎的父爱泛滥，思谋着要给她买，我坚决反对，因为自行车在我的生命印记里常常是灰色调的，而且北京的车流确实令人不放心。其实，女儿也是中学生了，怎么感觉她还那么小呢？或许是当母亲的心态，或许——生活的磨难使人更快地长大。

一 外祖父·妈妈·中医

我的外祖父是行医的,据我妈妈说,新中国成立前他就已经是方圆几百里内颇有名气的中医,常常会有人背着干粮口袋长途跋涉上门求医。外祖父最擅长医治疑难杂症(疮、癣、痈、疖等)和妇科病。新中国成立后,中医渐渐不吃香了,政府大力提倡西医,好强的外祖父竟然学会了静脉输液,并用中西医结合给人看病。估计要不是年纪有些大,他一定会学着做外科手术。当然,那时他已经不能开私人诊所了,成了公家人。

外祖父学医并不是家学渊源,他的父亲就是一个老实巴交的农民。家里有三个儿子,外祖父排行老大,照理说是家里的顶梁柱,但他的父亲并不喜欢他,嫌他太精明。所以外祖父在家里是活干得最多却不落好的角色。我小时候不懂,特别害怕看到他两条腿上那些向外怒张的青筋,后来长大了知道那是严重的静脉曲张。妈妈说外祖父年轻轻就那样了,是过早挑担子干重活落下的毛病,估计这是外祖父另辟蹊径学医的一个动因。总之,他找到了本家的一个长辈,请求跟着人家学医。中医收徒弟的规矩我不懂,听妈妈说人家一开始很不乐意，他不管那么多，就一个劲帮着干杂活，因为勤快，不多事，脑瓜又灵活，渐渐地就被接受了。可家里这头呢，他父亲自然不愿意他跑去给人家干活。所以父子俩就达成了协议，外祖父可以去学医，前提是不能耽误家里的活。这中间的艰辛是不言而喻的，他不但要干双倍的活，而且那时医生收徒弟都是要留一手的，他又不是人家的直系后代，很多东西要偷学，靠自悟。

不知道外祖父是多久以后自立门户的，他们那个年代的长辈很少跟孩子交流，更何况我妈妈又是个女儿。她所知道的也是从外人或我姥姥嘴里零星听到的。大家说起他，头一个评价就是：能人啊。就是这么个能人，使他的家庭成分从贫农变成富农。我姥姥说起这事总觉得很冤枉，因为他家的土地完全是靠一点一点从牙缝里省出的钱买的。至于雇长工，只是因为外公要坐诊，家里又没有成年劳动力。事实上，那个长工要不是靠我外祖父提供的有保障的活计，是连家里的孩子都养不活的，他因此一直对我外祖父感激涕零。而每到活儿比较密集、强度又大的时候，姥姥都要格外给他还有一些临时雇佣的短工做好吃的，为的是笼络着他们好好干活，不要耍滑或偷工减料。

后来，外祖父被打成右派。他想不通，因为他只是一个看病的，并不懂政治。然而，他已经背上富农的成分了，要不是因为有一技之长早就靠边站了，所以，凡事都要小心谨慎的。县里开会让给政府提意见,他本来不想说,结果工作人员一个劲鼓动,不说还不让走。他只好说了一句:一个月××斤口粮不够吃。就这一句他觉得无关痛痒,仅仅是大实话的说法,这个精明了一辈子的人成了右派!

我姥姥是外祖父的二房,他前边有一个大房,听妈妈说只生了几个女儿,可能这是娶二房的主要原因吧。姥姥生了四个孩子,我妈妈是老二,终于第三个生了儿子,就是我唯一的舅舅。可想而知,外祖父是多么疼爱他这个唯一的儿子。但即便如此,也并不娇惯。勤俭持家、严格管教是他教育孩子的宗旨。妈妈曾经讲过一个特别好玩的事,那些找他看病的人中不乏有钱、有权的,看好病除了诊费多少会有点额外的酬谢。那年头无非就是稀罕些的吃食和小玩意。有一次,不知是谁送给外祖父一个红彤彤的大苹果,那时农村常见的水果是桃子李子杏之类的,苹果还是稀罕物呢。照理说,家里的孩子们都没吃过,大家尝尝鲜呗,再稀罕不就是一个苹果嘛。那不行,外祖父硬是找了根绳子,把苹果用棉花包起来,吊在房梁上。惹得我那个贪吃的舅舅不知流了多少口水,但他始终只是看着,不敢拿下来吃,眼看着它变得腐烂。当然,送的东西多了,外祖父一忙有时也忘了,我姥姥就偷偷拿些出来分给孩子们。要是外祖父哪天突然想起来,姥姥就说她吃了。逢到这时,他总是说:"娇儿就是害儿!"

当然,看病的也有不少是家里真没钱的。外祖父开私人诊所时都是他自己说了算，碰到真拿不出诊费的，那也给治，医家的天职所在。他治的基本都是慢性病，很少说一次就能看好的，病人去几次也觉得不合适，有时就把自家地里种的、养的东西带着冲抵诊费。还有人病好了以后，逢到春种秋收时，主动跑去帮姥姥干地里的活。每到过年时，家里更是络绎不绝有人来给外祖父拜年，除了亲戚朋友，大多都是他治好的病人。所以，他在那一带声望特别高，就连谈婚论嫁，只要说孩子是先生门里的，对方都会觉得很有面子。最离谱的是，他曾经给一个女病人治好了多年缠身的老毛病，那病人的父亲竟然感激到要他的女儿进家伺候我外祖父。当然，在那个年代这种事也属于正常吧。

外祖父是怎样给人看病的，妈妈也不了解，他的诊所是不许家里人随便去的。新中国成立后他在县医院上班，姥姥带着孩子们住在乡下。妈妈说他用中医治好了姥姥的高血压，我不清楚这个治好是什么意思。因为按照西医的观点，高血压是很难根治的，能维持就好，很多人都要终身服药。他根据姥姥的状况，前后大概开了一百多个方子，不断调整药方和剂量。后来县里让他介绍经验，想推广治疗。遗憾的是，外祖父并没有留下详细的处方，他配好药后，那些方子可能就随手扔了。不过他能治好姥姥的高血压，并不意味着同一个方子也能治好别人的高血压，因为中医最讲究辨证施治，同样的症状，起因不一样，还要考虑到个体差异，这是中医特别重视经验，也很难大规模普及和推广的原因吧。

后来我舅舅慢慢长大了，外祖父也老了，他希望把自己一身的功夫传给舅舅。可惜我那个聪明却懒惰的舅舅不喜欢中医，觉得学起来太难、太费工夫，又挣不了大钱，坚决不学。在有主见这一点上，他明显继承了外祖父的基因。舅舅最终选择了做牙医，事实证明他很有眼光，年轻轻就赚得钵满盆满。外祖父无奈，只得收了他弟弟的儿子当徒弟，可是那孩子天资太差，怎么教都教不出来。外祖父一开始还恨铁不成钢，后来也就随他去了。这就是老辈子人的观念，所谓技艺传男不传女。我大姨后来也做了赤脚医生，外祖父并没有刻意教她一星半点，但那还不是因为耳濡目染熏陶出来的？

我妈妈不到二十岁离开家了，因为家庭成分的影响，她在中学既不能当班干部、入团，后来也不能继续读高中了。想想要一辈子跟黄土打交道，她觉得不寒而栗。另外，她上学虽然晚，但天资还不错，又肯用心学，学校的老师们也常常跟她聊一些外头的事，所以，渐渐地心气儿也高了。就当时的情况看，离家似乎是她能做的唯一选择。那时外祖父已经有些想通了，他劝我妈妈别走，跟着他学中医，但条件是终身不嫁。不知道外祖父为何要加这么个必要条件，学医就一定要独身吗？对于正处在豆蔻年华的妈妈而言，这个条件太不近人情。她终于还是走了，而且一走就是几千里之外。此后大半生也是磕磕绊绊，曾经有一次妈妈跟我聊天，说她有些后悔，当初应该听父亲的话，也许她的人生会不一样。我心里想，还好没听话，不然这世界上可能就没我了。不过只是想想而已，没敢跟她说。

妈妈说这话时，我已经读大学了，那会儿她常常借我一个高中同学的中医书自学，也从书店买一些资料来看。或许中医确实有先天禀赋之说，她学习起来特别顺，而且兴致勃勃，有时还会在信里跟我提几句，但终究也只是爱好而已，坚持了一阵也就放弃了。中医要的是实践，前些年大家对中医包括养生的观念不像现在这样认可，妈妈的生活环境、结识的人群等，都不足以提供持续学习和实践的条件。然而这颗种子是有的，我现在每每跟她聊起中医养生之类的东西，她都很乐意听，也会跟我热烈地讨论甚至争辩。

我最早见到外祖父应该是两岁多的时候，那时妈妈跟家里的关系因为有了我而有所缓和了。当年她不听父亲的话，执意要走，家里很久都不太跟她联系。姥姥当然心疼女儿，但也得听外祖父的。直到我出生，时过境迁，连孩子都有了，外祖父还能怎样呢？都说人老了，心会变软。我想外祖父也是疼我的，只是他的表现方式仍然是一如既往。我们回去是冬天，天气很冷，外祖父过了天黑就不让吃饭了，早早把我们赶上床。妈妈一开始很不高兴，觉得他一辈子小气，老了也没改。不就是因为我是外孙女嘛，又不是生活过不去，吃一点都不舍得。

其实她是冤枉外祖父了,当然后来她也明白了。按照中医的说法,脾是后天之本,小孩子的脾胃弱,吃多了不能运化,会起夜。冬天又冷,一不小心就会受寒气(所谓外邪入侵)。所以,晚上他不让多吃。但是第二天一大早,我还在被窝里,他就会拿几片烤得焦黄的馒头片让我吃。这个从他的角度很好理解,《黄帝内经·四气调神论》在讲四季养生时,认为冬季主藏,应"早卧晚起,必待日光";《黄帝内经·素问》在讲五脏养生时,认为"土湿受邪,脾病生焉""焦香者入脾",烤馒头片其实就是焦香入脾、健脾化湿的最好的药。而且黄色入脾,所以烤到发黄的时候效果会更好。体内湿气重,脾胃不太好的人多吃点烤馒头片、锅巴或者炒米饭(黄色的小米更好),既免除了吃药之苦,之毒,还祛除了湿气,岂不更好?这就是中医"药食同源"理念的实际应用。

我中考那年,外祖父去世了,妈妈一个人回家奔丧。因为很少跟他生活在一起,实事求是说,当年我对他的去世挺漠然的。现在想来,如果他能多活一些年,如果我有机会多跟他接触交流,或许我会早些对中医感兴趣。不过,这些都是没法假设的,有些事可能真的需要机缘。这几年,我自己也在摸索着学习中医,当然不是想给别人诊疗,只是希望能把自己和家人的身体调理好些。或许这方面的确有遗传因素的作用,那些在很多人眼里无比枯燥的中医理论,我也能看得津津有味。至少从大环境来说,我比妈妈要幸运很多。她要是能有今天的学习条件，至少现在给自家人调理身体应该没多大问题。

有一次妈妈无意中说起，外祖父当年有一本秘不外传的宝书，里面都是治疗疑难杂症的奇方。我怂恿着她问舅舅在哪里？舅舅说早就不知道去哪了，他不学，就不会看重那东西，自然也不会关心。外祖父收的那个徒弟，压根就没学出来，也早就改行了。所以，那本书就不知所踪了。当然，或许那就是本普通的药方书，只不过被外祖父用到出神入化罢了。否则，几千年过去了，可名中医、好中医还是有数的，关键在人不在书。只不过，那本书承载着外祖父一辈子的传奇，丢了实在有些可惜。

婆婆

看龙应台的《目送》，有这么一段："她拿下了假牙，两颊瘪下来，嘴角缩皱成一团。原来，任何没了牙的人，都长得一样。像一个放得太久没吃的苹果，布上一层灰，还塌下来皱成一团，愈皱愈缩。"[1] 龙应台写的是她妈妈，我想起了婆婆——第一次看到她取下假牙的样子，就是这种感觉。

这几年婆婆不常来北京了，她说青儿已经长大了，不需要她在身边了，老家人多热闹，她更喜欢那里。其实，我们都明白，她挺舍不得青儿，只是觉得自己老了，不能帮我们什么，七十多岁的人了，万一有病啥的，我们都有工作，她就成了拖累。老家儿女多，可以轮流照顾她。然而，就是在老家，她也坚持一个人生活，不愿跟儿女们住在一起。她总说："各人都有各人的家，有各人的事，我自己还能动，不要给孩子添麻烦。"

我之所以在看到关于假牙的文字时想起她，是因为家里有婆婆年轻时的照片，端庄

---

[1] 龙应台. 目送. 北京：生活・读书・新知三联书店，2009：248.

秀丽，一点也看不出是穷苦人家出身的孩子。我还清楚记得第一次跟先生去家里时的情形，婆婆站在院子前边，怀里抱着二哥两岁多的女儿，那会儿她已经六十岁了，仍然显得轻盈利落，没有一般老年妇女的臃肿拖沓。就是现在，只要身体状况还好，她每次出门之前都会在镜子跟前梳梳头，把衣服整理得妥妥帖帖，邻里亲戚们都知道她一直是挺讲究的老太太。正因为如此，在她愈皱愈缩的脸庞上，时间显得尤为无情。

前段时间，因为听说青儿要回去过暑假，她特别开心。知道青儿喜欢吃西瓜，她一下买了两个，两手各提一个往家里走，结果上楼时把腰扭了。没等孙女到家，她先躺在床上不能动了。所以，女儿临走时，我们特别嘱咐她回家要好好照顾奶奶。还好，她现在可以下楼了，只是还不能走太远。

婆婆是个少言寡语的人，很多事都放在心里。这次打电话，她却说了很多，都是关于青儿的。说她夜里只要有点动静，青儿就会问她有什么事，是不是要喝水；说青儿给她做鸡蛋羹，学着烙饼；说青儿如何给她讲笑话，逗她开心；还说青儿走的时候，两个姑姑给她的钱，没想到她却偷偷塞在奶奶枕头底下，回到家才打电话说，让奶奶不要太节约，该花钱的地方一定要花。婆婆说到这里，声音有些哽咽，我在这边也流泪了。青儿从一生下来几乎都是她帮我带着，一直到五岁，她俩的感情很深。

婆婆在电话里一个劲说我有福气，养了这么懂事的孩子。我知道这其中其实有很多她的功劳。她虽然只有小学文化，但智慧跟文化水平并没有直接的关系。青儿两岁多时，婆婆就开始教她认字，到三岁上幼儿园时，就已经会写不少字了。我还记得那时下班回家，女儿一脸自豪地拿着婆婆自制的作业本（婆婆把家里大孩子们不要的作业本钉在一起），让我看奶奶教她写的字。最难得的是，我们批评孩子时，她从不护着。要是觉得我们说得重了，她也只是趁孩子不在时说一句："毕竟还小，她已经很乖了，得慢慢来。"相比较大多数隔辈老年人对孙儿辈的无原则宠溺，婆婆的确算是少有的明智了。

婆婆不喜欢看电视，她对我说："日子好长啊，我不喜欢看电视，出去找人聊天吧，又听不清人家在说什么。"听得我很心酸。让她来我家，她不想给我们添麻烦，又舍不下其他的儿女，毕竟，那几家都在她附近。所以，她反复抱怨我们跑得太远。不然，她也不至于这般惦记我们。按她的原话说："孩子有人给你们看着，多好。现在青儿多可怜，你们出去，留她一个人在家里。"我有时想，一天又一天，她一个人，该怎么打发那么长的时间呢？还好，她是四川人，喜欢打麻将，但在我家时就不怎么打。问她，她要么说跟这里的人不熟悉；要么说这边的打法不一样，她打着不顺。但其实是因为北京这边打麻将筹码比较高，她担心输钱太多。说起来，半天下来也就是十几二十几块钱的事,在她就很心疼了,觉得不值。

婆婆是个很要强的人,她一直没有正式工作,家里孩子又多,所以一辈子都很节俭。我和先生刚结婚那会儿,她还在外面打工挣钱。有时闲了聊天的时候,我常常会问婆婆她年轻时的事,她总是说着说着就感慨起来,说起怀孕到快生了,还要跟男人们一起从火车上卸煤、抬石头。因为我公公是铁路职工,所以她找的活都是铁路上的正式职工觉得太累,不愿意干的活。因为肚子很大了,所以她不得不一手托着肚子,一手扶着扁担。而且两个人抬一个筐,她不能走慢了,走慢了人家不愿意跟她搭伴,她就没办法干了。有一次,她干完活,走在回家的路上,看到桥上有卖苹果的,她遏制不住想吃。兜里倒是有两元钱,但怎么都舍不得买。结果她硬是在那个桥上来回走了五趟,最终还是没买。

好不容易孩子们一个个都成家立业了,她还在外边找些零碎活儿干。大家都抗议,一定让她在家里歇着,但没想到她又被骗了,辛辛苦苦攒了半辈子的几万块钱被骗的一个子儿不剩,直到现在也没找回来。每次说起这事,她都后悔,不如当年早早拿出来给孩子们买好吃的了。但我们都明白,她也就是说说,节俭已经是融在她血液里的东西。女儿因为从小跟她长大,耳濡目染也养成了节俭的习惯。记得她五岁那年,我们刚在北京买了房,就把她从老家接到了身边。有一次我带她去买鞋，售货员让她试穿，她先问人家多少钱？售货员挺吃惊，现在的孩子哪里会管花多少钱啊，只要喜欢就非要不可。试了几双，能看出她对其中一双很满意，但又有些犹豫，我知道她嫌贵，就直接把钱交了。没想到，她居然问："阿姨，还有大一号的吗？"售货员很不解，因为她穿那个号正合适。她解释说："买大一号的话，我可以多穿两年。"自那以后，每次我们去那个鞋店，人家都能认出来，都知道她是那个特别懂事的小姑娘。

都说婆媳很难相处，在这点上，我觉得自己很幸运。婆婆对我一直挺好，那种好，不是刻意做出来的，而是源自她善良的本性。青儿出生才两个月，先生就去读研究生了。我们就一直跟婆婆住在一起。有时我工作特别忙，脱下的衣服来不及洗，婆婆都会连我带青儿的衣服一起给洗了。下班晚了或出门办事赶不回去吃饭，她也一定会留出来放在锅里温着。每到周末时，觉得心里挺愧疚，想帮她做点啥，婆婆总是说："你们平时上班都够累的，好不容易歇两天，睡个懒觉吧，要不带青儿出去玩玩。"我有时忍不住抱怨先生读研不是时候，她多半只是笑呵呵听我说，最多替儿子辩解一句："他也是为了你们这个家好嘛。"青儿不到三岁时，我来北京读书，就是因为有婆婆这个坚强后盾在家帮着带孩子。但其实她心里极不愿意我们来北京。

每次回家，她都要照例絮絮叨叨地说，我们放着好日子不过，非要跑那么远的地方，好久也见不到。她现在耳朵越来越背了，我们跟她说话简直就像在吼。最近一次我出差，顺道回去看她，她特意排着队打了新鲜牛奶，是以前我在家时常常喝的。还拉着小推车，买了我爱吃的东西预备着。平时她一个人，吃得少。走的时候，我不要她去送，她却执意要把我送到小区门口。一路上还在埋怨我，就待这么几天，说走就走，家里人都没来得及一起吃顿饭。出门前，她仍旧是先照了照镜子，梳梳头，都妥帖了才行。

走出去好远了，我回头看看，她还站在那里，瘦小的身影，孤孤单单，我心里一阵难过。公公在世时，她常抱怨他这样不好，那样不好。现在，连个抱怨的人都没了。而我们各有各的事，连坐一会儿都匆匆忙忙的。

叔叔

吃过午饭,躺在书房的小床上闭目小憩。天是阴的,风从窗外吹进来,已有了丝丝凉意。不觉间,秋天到了。在这样的日子里,假如我不忙于应付眼前的事,就总会想起一些陈年影像。有时是浅浅的,像电影里模糊泛黄的远景,在脑海里一晃而过;有时是挥之不去的,像特写镜头,在眼前不断放大、放大。此刻,我想起的是他,一个叔叔。在我离开家上大学之前,他曾是我生活中一个很重要的人,跟我的父母一样。

叔叔是我父母最要好的朋友。当然,这主要是从我父母的角度来说的。至于对他而言,是否也成立,我无法确定。或许是,但也不好说。爸爸跟他在一起,酒是道具。那时他家孩子多,老婆没工作,条件差。我家相对好些,他一来我家,妈妈就知道,他想喝酒了。一碟拌白菜,一盘花生米,他就能坐很久。两口酒下肚,话匣子就打开了。通常是他主讲,大致不是当时的国家形势,当地的人情世故,就是他读的书,他经历过的事。

我那时年纪小,并不关注他们聊什么。

只是隐约感觉，他一来我家，家里的气氛顿时活跃不少。妈妈有时会抱怨爸爸傻，因为我家的酒，大部分被叔叔喝了。但下次他来，妈妈还是要款待的，她跟叔叔聊起小说来，照样是眉飞色舞的，这从一定程度上弥补了物质损失带来的懊恼。我能理解妈妈，那时物资很匮乏，大家都穷，没有人不在意这些。但是，她还渴望精神交流，她读了书，尽管有限，但仍然需要跟人分享自己的感受。而我爸爸却几乎不读书，他们也很少进行生活琐事以外的交流。

现在回忆起来，叔叔当年应该是比较孤独的，我是指心境。因为，周围的人无论从见识到生活智慧上，能跟他真正共鸣的，少而又少。虽然他并没有多高的学历，但他喜欢读书，又善于观察、思考，这就使得他与身边的人相比那样的不同。自然，在当时闭塞的生活状态和人际交往环境中，他很难找到抒发内心的途径。

再有，他的老婆，在当地是有名的不讲道理。我模糊记得，他娶她的原因主要是家里太穷，又是继父，给不起彩礼。而她当时在老家是剩女了，很难在眼皮子底下嫁出去。于是，他回老家时，经人介绍，把她带回来了。类似的结合，应该是那个时代的常态，就是找个人过日子，幸福不幸福无暇顾及，端看各人造化吧。后来又有了几个孩子，能怎样呢？

但是，我似乎有个很奇怪的印象。当年，对于老婆的不讲理，他是听之任之的。也许是无奈，他毕竟不可能时时刻刻提点她。有时，也是暗喜的吧。因为，如果大家都讲道理，就公平了。但问题是，碰到不讲理的人，你讲道理就吃亏了。在这种情况下，不讲理好像更能维护自己的利益，甚至得到更多。然而，中国向来是不乏伪君子的，底层社会一样如此。大家其实都计较得失，但表面上还都装得很君子。尤其是男人，如果要是扯下伪装，为一点蝇头小利去争，那是很让人看不起的。

现在我仍能想起，叔叔那时半是调侃又似乎有些无奈地说起老婆做下的不体面的事，脸上的笑意却是无法掩饰的。至于别人说起他老婆，他的解释一般是："别跟她一般见识，她是个女人嘛，又没文化。" 这是我亲耳听到的，不止一次。也许，她做了他不能做的事，既保存了自己的体面，对家里也有好处。

周围的人说起他，第一个形容词就是：精明。但那个年代，精明并不是褒义词。我至今还记得长辈们用这个词形容他时，脸上那非常复杂的表情。有不屑、无奈，还有不甘与羡慕。因为，他们总觉得，跟这个人打交道是一点便宜都占不到的。不仅如此，还要时刻提防着自己会不会吃亏了。可是，他们又不能不跟他交往，他看问题就是比别人高一筹，做事也是滴水不漏。你明知他高明，也说不出什么，他是讲道理的。他们有什么想不明白、做不好的，还是要靠这个人帮着分析，出主意。连队里需要出头露面的事，缺了他也是不出彩的。尤其是，在那个没有电视甚至连电的供应都是按时按点的年代，他们的漫漫黑夜，也是有了他才变得丰富明丽。叔叔的口才极好，讲《林海雪原》《青春之歌》，大家常常听得欲罢不能。

叔叔的精明，也是艰辛生活馈赠给他的礼物。他的父亲死得早，母亲带着他改嫁了。一个男孩子成了拖油瓶，日子可想而知。他应该从那时就学会了，自保是第一位的。我记得他讲过跟继父斗智的事，但具体细节忘记了。后来在兵团，他的第一理想是走仕途。然而，一次意外的事故，断送了他一直为之努力的前途。那时中苏关系紧张，边境兵团备战气氛浓厚，各连队都组织了民兵，准备武器和训练。有一次，民兵在队部办公室琢磨炮弹，没想到爆炸了，当场炸死几个。他是会计，正在算账，被炸掉了一条腿。比起那些死的，他还算幸运。所以，从我记事时，他就是残疾人。仕途自然是落空了，因为只剩一条腿，干活很费劲。虽然是工伤，但那时的待遇也不够养活几个渐渐长大的孩子。

改革开放后，他是最早那批走上个体经营道路的人。作为残疾人，还能享受国家政策的优惠，他就在团部开了一个五金门市部。因为有头脑，又会利用政策，生意越做越好。但在我的印象里，他的生活半径就此变得越来越小了。大多数时候，他就是守着门店的柜台卖货。不变的是，他仍然很敏锐，时刻关注国家的政策，身边的点滴变化，也还是那样乐观，谈笑风生。门店里常常聚着一些人，买了货不走，就爱听他信马由缰地神侃。还有的，真就拿自己的事请他出主意，其实彼此之间并不熟悉，不外是买过几次东西的交情而已。

那会儿我最快乐的事，就是每个周末去叔叔家里住一天，尽管他家也并不宽敞。那时我已经上初中了，寄宿在爸爸的表姐，也就是我的表姑家里，因为团部的教学水平比基层连队高，妈妈不希望我将来跟她一样在兵团底层碌碌一生。但是，我在姑姑家里过得并不愉快。虽然衣食无忧，妈妈也时常送东西过来。可是，姑姑的脾气很怪，我又处在青春期，在自己家里也是娇惯的。所以，彼此难免有磕磕碰碰。后来发展到，我每次从学校往她家里走，心情就变得格外沉重。回到家也是很拘谨，生怕哪里做错了，惹她不高兴。其实，现在回过头，我能理解了。从初一到高三，加起来要六年呢。一个不是自己的孩子住在家里，要操多少心啊，想想确实挺可怕。但她不知道的是，我妈妈也明白这样绝非长久之计，已经在想方设法往团部调呢。

因为妈妈来看我一次，我就哭一回。妈妈心里很不好受，就跟叔叔说了。于是，他便每个周末都跟我姑姑说，让我去他家里玩。他自己有三个孩子，跟我年龄差不太多，我们是一起长大的，彼此很熟悉。最重要的是，我在他家里特别自在，想说什么说什么，想干什么干什么。他也并不因为我是个孩子，就敷衍我。我在学校里的一点一滴，都可以跟他说，他经常会给我些建议。想想那一年多的那些格外美好的夜晚，他家门店后面窄窄的小房子里，我们几个孩子围着他，是多么的温暖啊。

后来，我家也去了团部，我们几个孩子都渐渐长大了。我考大学那年，爸爸去世了。填报志愿的时候，叔叔帮我做了最后的决定。他跟我商量，稳妥第一。因为爸爸的病，我家没什么积蓄了。所以，他给我选报了本地的师范院校。这样，一来当年一定能走，非但不用花钱，学校还有补助。再者，他觉得一个女孩子，将来当老师挺好。就这样，我人生关键的一步定下了。无法评价当初这样的选择意味着什么，因为，从后来的情况看，按我的分数，报考内地的同等院校也是可以走的。这样看来，他当时帮我做决定，其实是有风险的。换句话说，在如此重要的事情上，大多数人的选择要么是回避，要么也只是建议，主意终归是要当事人自己拿的，以免日后被抱怨。但是，我不会这样想，因为当年的我没有勇气、也缺乏魄力自己单独做选择。同时，在这件事上，妈妈也是信任他的。

上大学的那几年，我每次回家都要去看他。只是后来又有了变故，他老婆跟别人好了，而且在那个男人的教唆下，卷走了家里的大部分钱。他俩终于离婚了，孩子们都支持他。然而，他还是因此衰老了，并且要从头开始。他不要孩子资助，自己申请了小额贷款。转眼又好几年过去了，他有了新的老伴，只是老得更厉害了，眼袋沉沉地吊着，走路更蹒跚了，神经衰弱，睡不好觉。我和妹妹给他带了五粮液，他很开心，眼里有泪花闪烁。人老了，会变得更多愁善感一些吧。

这次回去，我没有看他。虽然可以用时间太短来开脱，但心里分明有点惭愧。也许，这解释了我为何会在今天毫无征兆地想起他。

与女儿一起成长

2005年,我和先生终于在北京有了属于自己的家,第一件事就是把五岁的女儿接到身边。因为我出来读书的缘故,她一直在老家由奶奶照顾,我想把那几年没有给予她的关怀一股脑的弥补回来。然而,从三岁到五岁,正是孩子与妈妈建立亲密关系的好时机,我却在她的世界里消失了,虽然每个假期我都会回去看她,但"妈妈"在她心里只是个匆匆的过客。所以,生疏感是必然的。恰逢那时我刚承担一门新课,从收集素材,备课,制作多媒体课件到授课,很是辛苦。身边又都是治学精深的同辈中人,看着他们游刃有余地写文章、申请课题,钦佩之余是无形的压力。

有时,在买菜做饭、陪女儿玩的时候,难免会想工作上的事。兴许是感觉到我的心不在焉,这个敏感的小人儿会看着我的脸色,小心翼翼地问:"妈妈,你喜欢我吗?"一句话问得我泪流满面,因为觉得自己很失败。如何平衡工作和家庭的关系,这几乎是每个职业女性都要面对的难题。从那以后,我逐渐开始关注女性问题,还有家庭教育一类的社会学、心理学等方面的话题。如今女儿已经读高中了，我们之间逐步建立起了朋友般的关系，在这个过程中，我们都在不断成长，其中的一些对话片段也被我记录下来。

写在女儿8岁时——
我的人生是茶几，上面摆满杯具

女儿这几天最爱说的话就是："我的人生是四张茶几，上面摆满了杯具。第一个茶几是小学熬夜到10点，第二个茶几是中学熬夜到11点，第三个茶几是大学熬夜到12点，第四个茶几是研究生熬夜到1点。"第一次说这话的时候，她躺在床上，做出满面愁容状，只可惜小胳膊小腿在空中欢快地蹬着，还狡黠地瞅着我，泄露了这愁苦背后的表演性质。

虽然明知她又在模仿不知从哪里看来的话，我还是被逗得笑翻了。看着我笑的样子，她更得意了，似乎在说："嗯，我就知道你会笑成这样。"不过，后边关于熬夜的说辞应该是她原创的。笑过后，我问她："是桂宝说的吗？"她摇头，马上又兴致勃勃给我讲起了桂宝的笑话（桂宝是她现在的最爱），全然忘了她的人生是茶几上的杯具。

不过她这周的日子确实是"杯具"。可怜的小家伙每天晚上补暑假作业到近十点，说来也有我的责任。因为我在收拾房间的时候，把她写的作业当没用的废品扔了。当然也不完全怪我，她总是忘记把自己的东西放在规定的地方。因为知道理亏，所以这次她没有跟我叫板，只是说下回我再扔东西的时候问问她。我认为她说的有道理，于是给她道歉了，而且向老师声明了缘由，承担了责任。结果老师的意见是最好重新写。量好大啊，数学作业要写两本。心里暗暗心疼孩子，想着是不是我帮她做些？后来还是忍住了。也许，经过这次事情，她能记住把自己重要的东西放在合适的地方吧。

为了表示歉意，这几天她补作业时，我一直在旁边陪着，好吃好喝招待着。她边写还边发牢骚："中国的教育就是不行，简直是虐待孩子。人家美国的小孩上大学了才学我们小学的东西，小时候都很轻松，哪里有这么多作业啊。"我随口说："你瞎说吧，你去过美国吗，怎么知道人家上大学才学你现在学的？美国虽然学制跟咱们不一样，该学的知识也是要学的，哪里只是玩啊。"她很不服气，反驳我："你也没去过美国啊，为何说我瞎说？我是听奥数老师说的。"我一时语塞，是啊，我也没去过，也不了解，干吗这么武断地否定她。

说到底是关系不对等，骨子里没有把她当作平等的人。跟孩子做朋友，知易行难啊，不过还是要努力去做。

写在女儿12岁时——
关于领导力

今早吃饭时,女儿说起DI小组的事。从美国比赛回来后,她被升格为小组组长。据说很快又要参加新一轮北京市赛,所以放学后常常要训练。

我问她:"小组长都做什么?"她答:"负责编剧本、督促组员训练,帮老师准备道具,还有一些杂事。"接着,她说了一句话让我有点吃惊:"这次入选的组员必须有资源。"我问:"什么资源?"她说:"至少要带着一辆模具车才能加入,都是家长给做的。"想起去年我到学校帮忙时,负责老师曾对我抱怨:"人大附、中关村学校的小组,都选家长有资源的。可以省老师很多事。我们学校还是看孩子,所以,老师很累!"

当时我无语。这个活动的初衷就是培养孩子的团队协作和独立动手能力,从而提高他们的创新力。到了中国,又走形了,很多需要动手做的都是老师和家长在做。但因为它属于科技特长项目,家长们又争着要孩子参加。

既然要带着模具,可女儿并没提这事,她自己也没做。女儿说:"我不需要,我靠自己的能力!"听到这,心里突然涌起一阵热浪,眼睛有点酸。仔细瞅瞅,她表情很淡然。平常她的事，我跟先生都要求她尽量自己做，实在不行才会帮忙。她有时会发牢骚，人家谁谁的爸爸妈妈都主动帮忙。我赶紧说："你真棒！还是自己有能力好啊。要是家长也不会做，那有些人想参加也不行了，是吧？"她点头表示同意。

我说："你觉得做组长辛苦吗？"她说："还可以吧。兴趣是最好的老师！我的组员都还不错。我并没有强调要做完那个贴图的工作，尹润宇就已经干完了。因为他特别喜欢DI。"

接着她很遗憾地告诉我，有一个女孩特别能干，可惜不在她的小组。我建议："那你为何不想想办法把她争取过来呢？"她说："争取了，但她喜欢另一个项目。而且现在她已经编好剧本了。"我说："那也没关系。你好好了解一下现在的组员，看看他们有什么优点，同样可以的啊。"她想了想说，也是。

我又问："你觉得组长是不是要比别人多干很多活才可以呢？"她有些犹豫。我就举了她自己的例子："你看，从美国比赛回来，你告诉过我，老师很后悔没有选好组长。假如当时是你做组长，那个协作的题目一定能做好。这说明做一个领导，不一定要自己事事亲力亲为。假如他能够发现、选好恰当的帮手，他的队伍就可以有好成绩。对不对？现在呢，你也是一样，如果你能在组员里选出合适的人去做不同的事，发挥他们各自的优势，你就是一个好组长。所以，一个团队的领导，主要任务不是自己埋头做事，而是协调好队员，一起把事情做好，这就叫领导力。"

女儿领悟力挺强，我想她明白我在说什么。我会继续关注这件事，也可以在适当的时候，帮她出出主意。到目前为止，虽然参与这件事要花费不少时间，但对她的综合能力的确是一种提升。

写在女儿14岁时——
观念和生活品质

转眼间女儿上中学已经一年多了，我们彼此都在试着改变。从我的角度而言，最大的变化是两个方面。

外在的就是我每天早上必须五点半就起床给她做早饭。尽管有同事说应该锻炼着让孩子自己做，这样可以培养她的自理能力。但我不打算这样，一方面是她本身有自理能力，假如我真的不在家，她完全能照顾自己。我最在意的其实是彼此的感觉。这么冷的天，让她一个人匆匆忙忙弄吃的，然后心急火燎奔向学校，时刻担心着会不会迟到。那我即使躺在床上，心里也是忐忑不安的。对她而言，妈妈的早餐无论做得好不好，当她洗完脸收拾好东西，那个熟悉的身影已经在餐桌边等她了；当她出门时，可以在妈妈的叮嘱和眼光中踏实地说声"再见"，总比一个人孤零零关上门走出去更愉悦，尽管她偶尔会抱怨我有点啰唆。今天早晨应她的要求，做了蛋炒饭。女儿超赞，并对我说：谢谢老妈。我想这个谢字，主要并不是这碗蛋炒饭，而是她的确感受到了妈妈的关爱。

当然，更重要的变化是内在的。小学时我们注重学习和生活习惯的培养，比如放学回来先做作业，晚上9点半准时睡觉，不喝饮料，尽量不吃薯片、KFC等快餐。出去玩一定要跟家长说明。效果有好有坏，关键就是做父母的能否坚持。目前做得最不好的就是一直没有养成收拾自己房间的习惯。当然，到她这个年龄，除了习惯之外，观念也很重要。经过几年的反复沟通、磨合，我们都认同以下观念。

第一、做事只要尽到最大努力，就不要遗憾了。女儿是个要强的孩子，而且跟我一样，有点完美主义的倾向。她上了中学最大的感受，就是有能力的孩子真多啊。因为上的是实验班，大家进去时成绩都很好，综合素质也相对高，不像小学时参差不齐。学期刚开始那阵，她每天回来几乎都说"谁的画画得真好，太佩服了。""谁的字写得太漂亮了，就像书上印的一样。""谁跑步太快了，我怎么追都追不上。"我很理解她的心情。小学在班上她几乎所有方面都名列前茅，现在一下被比下去了，挺失落的。我就对她说："如果你能努力赶上的，那就想办法加油；如果你已经尽力了还是不行，那就不纠结了。人都是各有所长各有所短，把你能做好的尽量做到最好就不遗憾了。"

英语老师现在每晚要求她们读十分钟英语短文，每周都要上台表演。上周五家长会上，她被老师选上给家长展演，显然是平时表现不错，先生回来说确实挺好的。她一下很自信了，现在每晚除了读短文，还要唱一会儿英语歌。可是昨晚老毛病又犯了，觉得自己声音不好，唱不到人家那么好听。我就宽慰她："你就是爱好嘛，又不是要做歌星，自己觉得开心就好啊。"她还是纠结："那我读英语短文怎么就可以模仿到跟原声一样呢。"我帮她分析："一来呢，你没有选对适合自己唱的歌，多找一些跟着唱，渐渐就知道什么样的歌适合自己的嗓音了；另外，就是努力的还不够。英语短文之所以模仿的像，那是因为每天都在重复练。所以，重在坚持。选好几首歌，反复跟着唱，一定能行的。"

第二、买东西除了价格之外，品质和自我感觉也是要考虑的因素。或许是从小跟着奶奶，奶奶身体力行的节俭方式对她影响很大，所以女儿买东西一直都比较关注价格。两个同样的东西，她总是选便宜的。后来我带着她去买东西，就会告诉她要综合考虑，除了价格，品质也很重要。尤其是吃的，我经常给她讲"宁吃鲜桃一个，不吃烂杏一筐"的观念，这是我的妈妈教给我的，妈妈说这是她爸爸教给她的。女儿有时想吃蛋糕，我就会专门去味多美或金凤呈祥买，而不是在超市里。女儿有些不理解：味多美的那么贵，离家又远，干吗非在那里买？我会提醒她，反式脂肪酸。况且蛋糕不是每天都吃的，想吃的时候，就要尽量吃到口感很好的东西，那才是一种享受。节约是对的，但品质也很重要，在条件允许的前提下，让自己感受各种美好的事物是热爱生活的体现，也是值得认真去做的事情。

第三、喜欢一样东西，是有自己喜欢的理由，而不是因为别人都喜欢你就喜欢。最近她迷上了EXO，第一次问我知不知道EXO时，我漫不经心地说："知道啊，一种洋酒呗。"她鄙夷地看着我，得意地说："你真OUT了，连EXO都不知道，是一个组合。"很快，她房间的墙上贴了几张EXO的大头像。说实话，我从来没有这么集中地看到如此多的英俊男孩，俊到很漂亮。我跟先生一开始特别不适应，直问她究竟是男生还是女生？目前我已经习惯了，因为电脑屏保上都是他们的脸，包括输入法的皮肤，她甚至报了韩语学习班。周末不需要穿校服出门时，衣服上挂着好几个EXO的头像挂件，一走叮叮当当的。

我问："你喜欢他们什么呢？"她没有说太多，拿出一本书让我看，是张艺兴的《而立》，翻到其中一页念给我："我的对手只有我自己！如果我能克服自己的诸多缺点，不输给那些惰性、杂念、不自信的话，我相信我可以成为一个很棒的艺人……也会有想放弃的时刻，累到练习室的地板全是汗水的时候，不被理解的时候。很庆幸的是，在每个快要放弃的时刻，我都选择咬牙坚持了下来。"[1] 后来，她把这段话放进了一次英语演讲中，获得了满堂喝彩。我问她，励志的名言很多，为何一定要用张艺兴的呢？她很认真地说："因为大家都以为EXO是靠颜值出名的，其实他们在背后付出了太多的努力和坚持，我就是要为偶像正名。"了解了这个之后，我并不太担心追星会影响她的学习和生活。孩子到了这个年龄，有那么一个阶段是需要找一个偶像的。目前貌似已经降温了，虽然还在听他们的歌，但说得少了。

第四、要学会保护自己。这也是我的妈妈一直教我的，可惜我一直做不好，或许是生活环境相对单纯，周围的人都挺好。或许是天性善良，总是以己度人，即使人家使坏了我也看不出来。但尽管我做不好，也要让女儿树立这个观念，这方面我俩常常有争议。比如前两周，她每天放学回来就要到网站某个链接上给EXO投票，说是要帮他们赢取进演唱会的资格，还要我也帮她投。我就随口说："你有没有搞清楚他们要干什么？就这么花时间精力地去做？没准这是网站盈利的一种手段吧。"她特别生气，说我干吗把人都想这么坏。我知道我选错目标了，拿她的偶像说事她可不得跟我急。等她平心静气了，我就跟她讨论了一些真实事件：地铁里女子被陌生男人称作小偷抓住，好心的女孩送孕妇回家被杀，小孩在邻居家上网

---

[1] 张艺兴.而立.北京：北京联合出版公司，2015：242.

被勒死等。讨论的目的一是要让她知道，这世界上的确有心怀叵测的人，必须提防着不要让自己受伤害。更重要是的，要让她了解万一出现类似情况，知道如何警惕和保护自己。

随着孩子一天天长大，和她一起成长的难度越来越大了，有些问题不知该如何处理和解决，有些问题虽然貌似解决了，但其实只是暂时的，长远的效果还真说不好。当然，生活本就是一种过程，认认真真走好每一段，乐也好，苦也罢，只要是真实的，都好。最大的感触是，要求孩子做到的，自己先要做到，父母的行为是孩子最好的参照。

不妨换个角度

前两天，朋友在微信上分享了一篇文章，是刘墉的儿子刘轩写的，叫《儿子，你给我考个零分》。大意是说，他十四岁时，特别不愿意学习，喜欢天马行空地瞎想，以至于考试成绩总是C。老师找刘墉谈话，要他管束孩子。儿子以为爸爸会像大多数家长一样，一通教训然后要求他考A，所以早就从心理上做好了抵制的准备。没想到，刘墉说：我们打个赌，你要是能考到零分，你爱干啥就干啥，一切自便。但要是考不到，就要按规定好好学习。但游戏规则是不能一个字不写，要照旧一道题一道题作答。儿子简直喜出望外，以为老爸脑子坏了。但事实证明，想考零分确实不容易，他一直到一年以后才第一次考了零分。因为，他必须首先知道所有题目的正确答案是什么，才能保证故意都选成错误答案——多聪明的办法啊。

昨天一大早，女儿就开始愁眉苦脸跟我抱怨，这周末语文老师布置了两篇作文，而她最讨厌写作文！看着她那样，我突然想，不妨换个角度试试？别忙着规劝，先从情绪上认同她，因为她的确是郁闷，这时你再说教，她什么也听不进去，只会更反感。所以，我特别仗义地说，"既然咱这么难过，那就不写了，管它呢。"她本来正低着头，只顾自己郁闷呢，听我这么一说，非常吃惊地抬起头，眼睛都亮了，因为我跟她站在一条战线上了，呵呵。但是，她随即又耷拉下脑袋，"不行啊，周一要交呢。"我接着说："那又怎样，不交就是了，作文而已，咱任性一回。"我知道她最终还是要写，只是需要发泄下不满。果然，她想了一下，说："那不行，作业还是要写啊。"我问："你确定必须写吗？"她说："是。"我说："那你想啥时写啊？"她说："明天下午吧。"我等了一会儿，看她磨磨蹭蹭收拾桌子上的书，就试着说："要是我的话，就现在写。你想啊，反正总是要写的。要是到明天下午再写，你从现在开始就要一直因为这件事而郁闷，看电视都不踏实。要是现在就写呢，从今天下午开始，你就会一直挺愉快，是不是？"她想了想，觉得我说的有道理，决定立刻开始写。

但真要写了，还是发愁，不知道该怎么写。其实，她文笔倒是不错，因为喜欢读书。之所以每次写作文都发愁，还是练笔少，没有思路。但我要直接这么说她，她又觉得老生常谈。所以，我就打开自己以前写的一篇随笔，跟她要写的主题类似。看完之后，她说："你写的确实好。"有了这个前提，我就告诉她自己的感受，"最早尝试写作时，我也发愁。跟你一样，不知道该怎么写。可是，后来坚持不断地写，不管能写多少，只要有点想法就写下来。渐渐地，就不觉得难了。而且，现在一旦有了想法，就必须马上写下来，不写都难受。"她听了，若有所思地点头。然后，我就跟她一起分析她的作文。没想到，她居然主动说，写完之后让我帮着看看。以前我要是说帮她看看作文，她可老大不情愿呢。

昨晚吃过饭，她看电视时，忍不住说："这个办法真不错，既然是要做的事，就早点做吧。现在我就可以踏踏实实，轻松愉快地看电视了。"我赶紧附和，"是啊，我女儿真聪明，这么快就想明白了。"她小脸绷着，尽力忍着得意，我心里更是暗自窃喜。小家伙，这就是我想让你明白的，现在你自己说出来啦，哈哈。

事情还没完，下午，我坐在沙发上看书，她准备出门办事。我也忍不住对她抱怨："唉，有个活要干，可一直拖着就是不想干。"她立马来了句："既然是早晚要干的活，就现在干吧。干完你不就解放了，可以踏踏实实看书了。"嘿，学的倒快。

其实，有些事，换个角度去想、去做，结果就会大不一样，何妨一试？

以爱的名义：孩子究竟是什么

自从女儿上中学后，我越来越觉得自己在做母亲这个角色上显得有些磕磕绊绊，没那么自信。或者更确切地说，常常在我自以为是的时候，事实会证明我的想法及做法并不能令我问心无愧，以至于我不得不像现在这样，老老实实承认自己确实需要认真反省。

其实事情并不大，就是昨天下午去给她买衣服。应该说，早在两年前她就希望在这件事情上自作主张了。那时她十岁，也是这个季节，她看上了一条黑色、紧紧裹在腿上的牛仔裤。我不同意，说明了理由，一是颜色太深，夏天穿着太热。二是那么紧，影响血液循环，对身体不好，所以让她另选一件。谁知她很固执，就是不肯脱下那件。售货员也在一旁煽风点火，说孩子穿上挺好的。我一气之下丢下她就走了。不一会儿，她追上我，气急败坏地说："你买衣服我从来都不管，虽然我也觉得不好看！你干吗一定要管我买什么样的？不公平！以后你可不可以把钱给我，我自己买。"

看着她气嘟嘟的样子，我有些不忍，想

想我走以后，她多难堪啊，身上没钱，不得不忍痛割爱；那个售货员没卖出去东西，态度也不见得好。孩子虽然小，也有自尊心啊。这么一想，心里有些自责。可是她自己能行吗？我这么做也是为她好嘛。(其实这就是问题之所在。我自认为是为她好，所以就可以理直气壮替她做主了)。

因为总觉得她自己不可以，我俩在这件事上始终没有达成共识，但我也必须做些让步了。如果我没经她同意买了她不喜欢的，那结果就是她宁可将就着穿旧的。所以现在的状况是我只提供参考意见和付钱。可昨天我又有些忍不住了，不管衣服还是鞋，她一摸就是非黑即蓝，而且都是那种偏中性的。明明有那么多白的、粉的、蓝的，浅浅淡淡多漂亮啊。总之，我俩的眼光几乎没有交集，走了一家又一家，我建议的她都看不上，坚持不要。她想要的我觉得无法容忍，大夏天的穿双黑球鞋！逛了许久都一无所获，我的脸色越来越不好看了。现在想想真是自讨苦吃。明明我可以坐在家里舒舒服服，非要跟着找气生！

女儿看着我的样子，也不高兴。她这么对我说："妈妈，你干吗要生气啊？咱俩就是眼光不一样嘛。我买衣服当然要选我自己喜欢的，这样我穿着也开心。你觉得不好，咱们可以心平气和地商量嘛。"就在那一刻，我突然反应过来，我在无意识中陷入了妈妈当年跟我们交流互动的模式当中了。她对我和妹妹一向很严厉，因为觉得自己这一生有很多遗憾，她不希望我们走她的老路。这世上她最爱的就是我们,她认为她所做的一切都是为我们好。所以,如果我们违背了她的意愿,她就很不高兴。可是,她又不像当时很多家长那样,孩子犯错了要么打要么骂,她只会从表情上让我们自觉认识到自己做错了。那时,我和妹妹最害怕看到妈妈阴沉的脸。我们会在第一时间很惶惑地检讨:自己哪里又做错了?因为认为妈妈自然都是对的。即便是现在,我和妹妹说起那种忐忑不安的感觉,还有些压抑。虽然,长大后的我们已经能够开诚布公跟她讲那时的感受,她也觉得自己有些方面做得确实不合适,只是她也没有意识到。因为她说:父亲就是那么教育她的。

所以,我有时挺感慨,做家长的总以为有爱就有了掌控孩子的天然正当性,虽然这种支配欲有时是潜在的,就像我一个同事开玩笑说的:其实这就是大人欺负小孩儿。我一直试图从内心把孩子看作一个独立的、有意志自由的个体,尊重她的选择并愿意让她从挫折、失败中得到生活的经验。可是往往在事情出来时,我会毫无感觉地回到自己并不认可的妈妈当年的教育模式。好在女儿不像当年的我,她有自己的判断,也敢于表达自己的想法。在这一点上,我自觉很幸运。

孩子就像一面镜子,她照出了我的问题,让我不断自省。

关于电视，关于少时

晚上洗碗时，不知怎的，想起了少年时邻家的一个哥哥。事实上，自从我离开家去外地读大学，我们的生活几乎就没有任何交集了。对他记忆最深的，就是我读初二的那年冬天，每次我和妹妹在他家看完电视，都是他送我们回家。现在想来，他未必愿意做这件事，尽管我们两家很近，但家乡的冬天很冷，尤其是夜晚。只是他爸爸一定要求他必须把我们送回家。路上倒也说说笑笑，当然，说了什么一点也不记得了，大概总是围绕着看的电视吧。

那时整个连队里能买得起电视的人家极少。我记得最早是连队集体买了一台，属于公共财产，黑白的。每天晚上吃过饭，由专门负责看管电视的人把它像宝贝一样，小心翼翼搬到队部空地的一个高桌子上供全连队的人观看。毕竟位置有限，还有前排后排的问题。所以，看电视在那时成了一件大事。印象中断断续续看的有《排球女将》《射雕英雄传》《铁皮阿童木》《聪明的一休》等。我和妹妹是不可能天天去看的，只在周末时偶尔去看看。因为，妈妈从我们开始上学的第一天就说："你们唯一的出路就是考上大学，离开这里。"那时又没有其他的娱乐，所以，每到周末我和妹妹最兴奋的就是能去看电视了。

后来，那个哥哥家买了电视。他爸爸是我爸妈早年的朋友，出去当了兵，转业回来后成了连队的领导。我记得他家有一个很大的院子，自己盖了一溜房，房前还种了各种各样的蔬菜，总也吃不完。另外，他家还承包了一大片果园，我和妹妹有时去帮他们摘苹果。有一种叫珠光的夏季苹果，又脆又甜，形状也娇小圆润，手感特别舒服。我们边摘边吃，那是迄今为止我吃过的最好吃的苹果了。直到现在，我一直希望有机会再看到珠光，倒不是为了吃，而是它承载了我人生中的一段记忆，但这个品种好像已经消失了，就像时光之不可逆。应当说，那时我们两家已经有很大差别了，因为我爸爸只是连队的普通职工，妈妈也没有正式工作，可毕竟是老交情，两家还经常走动。

他家买了电视后，很热情地邀请我们去他家看。头几次，妈妈还陪着我们一起去，然后就坚决不去了，无论我们怎么哀求。妈妈不去，那家叔叔就让哥哥看完电视送我们回家。现在想来，那时真是不懂事啊，我们只想着在他家看着舒服，根本没有考虑妈妈的感受。她是个很要强的女人，自家没钱买电视，孩子要跑去别人家看，她心里一定很不是滋味。但要是强硬地不让我们去，看着我们眼巴巴的样子，也挺可怜的。印象很深的就是那年的大年三十，我和妹妹吃完饭就吵着要去他家看电视，妈妈特别生气，严厉禁止我们去，说大过年的，打扰人家多不好。我俩的愿望没实现，委屈得哭了起来。

第二年春天，有一天放学回家，还没进家门就听见机器轰隆的声音。进去一看，一个庞然大物立在房子中间，妈妈买了压面机。从此，我家就有人络绎不绝来买面条，尤其中午快吃饭时人最多。妈妈没时间给我们做饭了，就由我煮面，以至于妹妹一听说吃面就眼泪汪汪的，直到现在都不喜欢吃。可是没办法，因为中午放学后的时间本来就紧张，只有吃面简单方便，最节省时间。而妈妈有一次压面时没留心，竟把一只手指绞进去，幸好抽得快，还是把手指肚上的一块肉绞没了，后来把胳膊上的一块肉移植到手指上。当然，有付出就有回报，那年冬天我家就买了电视。我和妹妹别提多开心了，然而，还是老规矩，只能周末看，或者作为考试取得好成绩的一种奖励。记得有一段时间热播《渴望》，我俩特别想看，妈妈不让。但她也想看，于是就把声音开得几乎听不见。我俩那个急啊，就把耳朵贴在门边，电视里播啥听不见，只听见妈妈有时抽泣的声音，是被刘慧芳感动的。

自从我家有了电视，我们就不常去哥哥家了。而且妈妈说我们是大姑娘了，不要随便到别人家。他家还有一个大哥哥，比我们年长得多些。但因为他们的妈妈去世早（我们去他家看电视那会儿，阿姨就已经走了），后来叔叔又结了婚，给他们找了后妈。那后妈很精明，自己还有两个儿子。人家都说，要是他亲妈在世，凭他家的光景，大儿子怎么也能找个不错的对象。我对他印象不深，只记得那时男生流行烫发，穿喇叭裤。他有一次烫了个爆炸式，被叔叔一顿臭骂。

再后来，我就考上了大学。有一次放假回家，在农贸市场碰到那个常送我们回家的哥哥。彼此已经很生分了，他看着我说："你变了，长大了。"是啊，人都要长大的。我没有多问他的情况，因为他高中还没毕业就去找活干了，他爸爸后来也不是领导了。看那情形，境况应该不会好到哪里去。我又一次想起妈妈说的："你们唯一的出路就是走出去。"工作以后，我们就彻底离开了那个地方，偶尔回去办事也是匆匆去了就走，那里年复一年似乎没什么大的变化，只是年轻人越来越少了。有一次听妈妈的朋友们说，那个哥哥好像犯事了，因为抢活干，跟别人打架，失手把对方打成重伤。虽然早已不联系，听到这个消息，心里还是咯噔一下，那个哥哥在我印象里是个挺善良的人，如果不是为了讨生活，应该不会走到这一步，当时还犹豫着要不要去看他一下，可后来终究是没去。算起来，他现在也是快奔五十的人了，如果一切正常的话，他差不多应该当爷爷了。

看电视，是我们少年时代的一个侧影，但它的影响一直持续了很久很久。那是妹妹结婚几年以后的事了，她对我说，看电视在她心里成了一块病。因为小时候妈妈总不让我们自由自在地看电视，我们有时会趁妈妈不在家时偷偷看一会儿，一听到她回来的声音，吓得赶紧把电视关了。所以，刚结婚时，她要是看电视久了总觉得不自在，似乎在做一件不该做的事，她很为自己的这种心态愤怒。然后她就劝慰自己，我已经结婚了，独立了，不需要天天学习了，也没有妈妈监督了，我想看多久就看多久。有一阵，她即使不想看也把电视开着，直到有一天，终于可以坦然地、安心地坐在那里看下去，不管看多久。

我虽然没有到她这种程度，但是始终把看电视当作浪费时间的消遣，通常就是在打扫房间时，有一搭没一搭地瞄几眼，偶尔被剧情吸引，拿着抹布坐到沙发上看一阵，等回过神来一看表，心里便会猛然一惊。直到有一天，有人告诉我："想看就看吧，时间就是用来浪费的。"然而，我现在真的不喜欢看电视了。

一鸣语录

一鸣是小外甥的正式名号，平时我们都叫他虎子，因为他属虎。记得他刚出生那会儿，我们想了N多名字，最后他妈妈定了一鸣，或许希望儿子能一鸣惊人。都说心想事成，至少在他身上应验了。虎子四岁那年的夏天，妹妹休假带着他来京，妈妈也一起来了。半个多月后，妹妹回去上班，把他留在我家，由妈妈和我一起帮着照顾。两个多月的相处，小家伙最明显的特点就是语言表达能力超强，堪称名副其实的一鸣惊人，且录几段。

憋不住了

某一日，我们一起过马路，走到红绿灯前。

"虎子，看对面灯上是什么颜色的小人啊？"

"红色的。"

"嗯，红色的咱们就得等，什么时候小人变成绿色了才能走过去，知道吗？"

"早知道啦。我妈妈每次都告诉我，小人是红色时，汽车们呜呜要过路；小人是绿色时，才轮到我们人过路，过马路要讲规则才安全。"

旁边一个推婴儿车的阿姨被逗乐了，"呵，这么个小不点，都会说规则啦。"虎子有点不乐意地瞅瞅人家，"我都已经四岁了，是大人了，不是小不点。"一边说还一边晃着小脑袋，伸出四根手指头比画着。

等了一会儿，虎同学明显不耐烦了，身子扭来扭去，突然说："大姨，我憋不住了。"

"啊？可是这里没卫生间啊，稍微忍一下行吗？过了马路咱们赶紧往家跑。"

"什么卫生间啊，我憋不住想过马路了。"

呃呃呃……

我的同事属藏獒

因为妹妹常常带着虎子参加同事的聚会和游玩，虎同学也学会了把同事挂在嘴边。他最崇拜的是警察，于是他的"同事们"理所当然都在公安局上班。

我家小区外不远就有一个警察岗亭，我们去超市总要路过那里，虎子每次走过去都会煞有介事地说，"大姨，这就是我们单位，我和同事们就在这里上班。"我也很配合地回应，"哦，原来你是警察啊，真了不起，你们都做什么呢？""这还用问吗，抓坏蛋啊。"满脸不屑的样子。"那你有几个同事呢？"（呃，这个问题似乎有点复杂），"我有好多同事呢，好多好多。"一边说还一边把手臂伸开（原来好多好多就是两只手都抱不过来耶，哈哈）。

"那你同事多大啦？""不知道，反正有一个是属藏獒的。""啊？不会吧，还有人属藏獒的，大姨真是长见识了。""我没骗你，就是有一个属藏獒的，我家以前也养过藏獒，你不记得了吗？"偷眼瞅瞅他，人家一脸笃定，天，难道是我失忆了吗？

关于美女

妹妹要回去之前，虎同学跟她商量："妈妈，你把手机留给我吧，我有空时想看看，行吗？"我逗他，"你又不认识几个字，看什么呢？"他有些不好意思，哼哼唧唧不想说。他妈妈说："你不说出来我怎么帮你想办法呢。"他抬眼看了看我，小声说："我要看网上的美女。"妹妹喜欢琢磨服饰搭配，手机里收藏了不少相关的网页和图片。

我忍住笑逗他，"大街上美女那么多，干吗非要在手机上看呢？"他振振有词地说："大街上的美女是活的，我还没看清楚，就噔噔噔地走了，不见了。"看我俩爆笑，他脸红了，恼怒地拿小拳头使劲打了妈妈几下。

一天晚上，青儿和她的同学，我还有她同学的妈妈，加上虎同学一行五人去吃烤肉。青儿跟她同学坐一边，我跟她同学的妈妈坐一边。同学的妈妈很热情地说："虎，来跟大姨和阿姨坐一起吧。"虎同学用行动表示了他的选择，硬是厚着脸皮挤到两个不太情愿跟他坐一起的小姐姐中间。而且直言不讳地说："我就喜欢美女，而且是年轻的美女。"旁边等着点菜的服务生忍俊不禁，"看看人家，多有追求啊。"同学的妈妈有点不甘，"我们老了吗？"他满脸严肃地看了看人家，然后点点头，"是啊，就是老了，比姐姐老。"好吧，果然是实话实说。

隔天中午，天太热，我穿了件吊带背心在屋里。虎同学追着喊，"大姨是美女啦，大姨是美女啦。"我不解问，"昨天还说大姨老呢，怎么今天就成美女了？""嗯，光膀子的就是美女。"转眼看妈妈刚好也穿着一件背心，就逗他："姥姥也光着膀子呢，姥姥也是美女啊。""不是，不是，姥姥不是美女，年轻的才是美女呢。"

晕倒，无论老幼，美女标准永远都一样。

妈妈的味道

虎子从一生下来就由妹妹带着，几乎一天都没离开过，所以一直很黏她。妹妹回去后，他就跟着我一起睡。刚开始那几天很不适应，每天早晨我一起来，他就跟着爬起来，抱着妹妹留下的一件睡衣躺在沙发上，挨着我，小身子卷成一团，没睡着，也不说话，难得安静地躺着。我俯下身问他："为啥一定要妈妈留下睡衣呢？"他声音小小地说："因为衣服上有妈妈的味道。"

听他这么一说，我的心脏猛然抽搐了一下。这也是一个敏感的小人儿，跟他妈妈一样。看看他的眼睛，里面分明有泪，却极力忍着。发现我在看他，虎子赶紧把小脸藏在妹妹的睡衣里。我顺势躺在他旁边，伸出胳膊，把他揽在怀里。

他一开始还有点不安，渐渐地放松了，把毛茸茸热烘烘的小脑袋拱在我胸口，蹭啊蹭的。然后，虎子突然又翻起身，两只亮晶晶的眼睛瞅着我，奶声奶气地叫："妈妈，妈妈。"幸福的小脸上还带着一丝羞涩。我问他："为什么叫大姨妈妈呢？"他认真答："因为大姨身上有妈妈的味道。"

正说着呢，女儿从卧室出来了，挤在我身边逗弟弟，"她是我妈妈，又不是你妈妈。"并顺势把乱糟糟的头也靠在我身上。虎子愣了一下，很随和地说："那好吧，姐姐，姐姐。她是你的妈妈，也是我的妈妈，好不好？"一时间，我们三个挤在不大的沙发上，闹做一团。

　　餐桌上的饭菜静静冒着香气，妈妈安详地坐在阳台上的靠椅里看着我们，脸笑成了一朵盛开的菊花，鬓边的几缕银丝在晨光中微微闪着光。

朋友

"喂，下班了，还不走吗？"玻璃隔挡那边的晓彤一边用笔敲着欣然的电脑，一边拿起电话："够准时的嘛，晚上去吃比格，好不好？他家又出了一款新比萨，据说超好吃。"

听着晓彤的甜中带嗲，欣然知道，那边一定是杜涛了。热恋中的女人都是这样娇媚可人吧，杜涛要是见到今天早上晓彤又着腰，对主管拍桌子的样子，会是什么反应呢？欣然这样想着，脑子里浮现出目瞪口呆的杜涛，忍不住扑哧笑了一下。晓彤奇怪地瞟了她一眼，欣然赶紧提了包，摇摇手，嘴巴做出88状。

电梯里仍然是人满为患，也依旧是天天看熟了的脸。手机的短信提示音突然响了，是《故乡的原野风》。大家都看着欣然，很少有人把这个作为短信的声音，它太长了！晓彤不止一次地恳请她换一个，欣然都没答应，她喜欢，为何要换呢？一行字跳出来："我来学习，有空去骚扰你。"欣然一愣，是徐阳。这家伙，总是如此出人意料。

曾经

因为有了事情可想,坐地铁变得可以忍耐了。看着窗外一闪而逝的广告,欣然似乎回到了多年前他们相识相伴的日子,那时还有雅筑、冬浩。他们曾经多么开心啊!雅筑不吃羊肉,徐阳不吃猪肉。有一年冬至,餐馆到处都满座,好不容易找到一家,老板忙不过来,只有羊肉馅的饺子。恰好雅筑去卫生间了,徐阳说:"就这了啊,一会儿饺子上来,只说是猪肉的。"欣然和冬浩频频点头,大冷的天,再往哪找去?热腾腾的饺子上来了,兴许是心中有鬼,徐阳夸张地赞叹:"这不像猪肉馅啊,一点都不腥。雅筑,你可得记着,我为你做牺牲了。"雅筑满脸感激状,欣然和冬浩有些憋不住了,正要爆笑,徐阳在那里挤眉弄眼,俩人只好边吃边附和,"是,是,味道真不错。"几年以后,大家要毕业离开学校了,雅筑才知道,她那天吃的是羊肉饺子!欣然好奇地问:"你真没吃出羊肉味来?"雅筑坚定地摇了摇头,"光顾着感动了,哪想到你们会骗我啊。"

第一次喝醉酒,也是他们一起。欣然不记得那天为什么要喝酒了,似乎他们谁过生日?雅筑从不喝酒,欣然也很少喝。那天他们喝了十几瓶啤酒,现在想来不算什么了,可那会儿才多大啊,没这样的经历。回到宿舍,雅筑就躺在床上不能动了。欣然还能回忆起自己那天的样子。不停地笑,房间似乎在迅速地转，一圈又一圈。只是那时大家都没有手机，没法询问彼此的情况。第二天见面，徐阳直乐，俩傻妞，不能喝还逞能。那时多纯啊，也那么容易快乐！大雪天围着烤地瓜的小摊，几个人也吃得心满意足。

大学毕业时，冬浩送给她一枚印章，上面刻着：青春无悔。后来徐阳告诉她，冬浩整整刻了半年才刻好，手还被刻刀伤过一次。他的确与众不同，每每指点江山，似乎什么都满不在乎。欣然愿意听他说话，可偏偏他们之间的交流，更多地借助了纸和笔。有一年上学期间，他突发奇想，打算花三个月游走西藏。临行前，托舍友带给欣然一封信，厚厚的七页纸，密密麻麻写满了字，满是他的理想和抱负。具体内容已经忘了，欣然只记得那同学把信递给她时，有些疑惑的眼神。

后来雅筑为了爱情，去了很遥远的地方，徐阳有一次出差路过她家，时间太紧了，竟只在机场见了一面。欣然也曾去过那个城市，没来得及见面，但因为知道雅筑生活在那里，心里多了一层亲切。大学时代过去了！

后来

雅筑走后，剩下他们三个了。每年欣然过生日，他俩还都记着，那时欣然已经去了另一个学校继续读书。有一年她过生日，天下大雪，他们还是相约在一家蛋糕店，欣然下了车，就看到等在车站的徐阳，满身的雪花，一脸安静的笑。"冬浩呢？""已经在里边了。"进了店，冬浩坐在二楼的开放式卡座，冲他们招手。很久以后，欣然才意识到，自己当时多么没心没肺！明明徐阳大冷天等在外面，她居然一开口问的是冬浩。直到如今，每年过生日时，徐阳都会给她打个电话，或者发个短信。也许，正是因为那时养成的习惯，欣然固执地认为，关心她的人必然会记着她的生日，尽管这样想太幼稚，尽管她早已过了对生日有所期待的年龄。

再后来，欣然有男朋友，结婚了。冬浩也成家了。徐阳曾有过不止一个女朋友，她们都和欣然很熟悉，也成了好朋友。欣然觉得，无论哪一个都很优秀，谁跟徐阳生活在一起，她都替他高兴。只是，她们最后都成了过客。欣然甚至还为其中那个她认为最爱徐阳的女孩打抱不平。直到有一天，徐阳邀请她去酒吧，那也是欣然第一次去酒吧。她还记得进去的时候，有一个男歌手在唱着一首很伤感的歌，追光灯打在他身上，那样的孤独、落寞。徐阳给她要了饮料，说还有一个特别要好的朋友会过来。欣然自以为了解地笑了，等她看到走过来的是一个很清秀、很干净、穿着一个耳洞的男孩时，第一感觉有些奇怪。然后，她看到徐阳跟他的眼神，一下明白了。

现在

现在徐阳来了，其实半年前他们见过的。但这个人在欣然心里是不同的。想到他，总是踏实的、安全的、平静的、温暖的。也因为徐阳，欣然对那样的一群人就只剩下理解和深深的同情。有一次，她和一个朋友去学校后面爬山，碰到两个女学生，她扫了一眼，感觉出她俩的关系不同寻常。果然，等走过去后，欣然装作无意回头，她们拥抱在一起，很亲密。欣然的眼泪差点掉下来，她在心里祝福她们，因为她想到了徐阳。

徐阳结婚的时候，欣然已经到了现在生活的城市。她理解他的苦衷，但对他的结婚，还是有点想法的。她只问了一句："她知道吗？"徐阳说："知道，她说她能改变我。"这次徐阳来，她和孩子也一起来了。晚上吃饭时，欣然在尽地主之谊的同时，不免仔细打量了他俩。她显然是个有主见的女子，似乎也比较强势。徐阳一如既往的平静，欣然很难感受到他的真实心态了。在过去的几年里，她和徐阳只是偶尔谈及那个话题，更多的是聊眼前的生活。毕竟，人总是要面对现实。欣然也只能从徐阳偶尔的牢骚中，窥见他心里的无奈。现在，看着徐阳身边的这个女人，欣然的心情很复杂，她自信她能改变他，可能吗？她觉得幸福吗？孩子应邀表演节目，那样明媚可爱，欣然看见徐阳眼里的慈爱和柔情，她又想掉泪了,但愿这个天使是来拯救他们的!

手机响了,晓彤在那头兴奋地说:"杜涛向我求婚了!"这个世界每天都有人结婚或者离婚,婚姻是什么?冷暖自知。

且行且醒

这几天出门，匆忙的行程中竟不期而遇业内的两位前辈。她们的声望在学生中间自不必说，就连我这个后来者所到之处，也常听到她们各种版本的故事——主题当然是女强人的成功路。敬佩是有的，羡慕吗？实事求是地说，并不。不是矫情，而是自知。

说是不期而遇，其实未免有点言过其实。我们的课常常先后排在一起，只是从没想着要刻意地遇见。这次，相遇在千里之外的候机大厅，必须说，这是老天的意思，它要我从别人的镜像中更清晰地照见自己。

前辈一：某高校教授，博士生导师。六十多岁，瘦小精干的老太太，在这个行业讲课二十多年了，被誉为"泰斗"。"泰斗"为人非常低调、亲和，我们第一次见面，就一口一个孩子，像妈妈一样对我嘘寒问暖，并很体己地传授一些授课小技巧给我。因为我们的课有着密切关系，所以每年这个时候，如果愿意，必然能碰面。当然，我是说如果。

这次我们相遇在贵阳机场。本来她比我

早一个航班，因为飞机延误，竟碰在一起，就在候机区聊了一阵。今年四月，她的脚骨折了。就在去某地讲课的路上，因为要赶时间，下了车走得太快，不小心扭了一下，毕竟年纪大了，竟致骨折，被人背上讲台。据说暑期上课还是坐着轮椅去的。半年过去了，时好时坏，因为中间又去多地上课，现在走起路来左脚还有点跛。

我劝她在家好好养着，大冬天到处跑多辛苦啊。她有些无奈："没办法，不出来不行。各地的负责人都打电话，说学生等着呢。我现在不图别的，就是想着这些孩子做事不易，处了这么多年，有感情了。"是啊，这些人都要用她的声望招学生，她不来，他们吃什么喝什么？更何况，她从来都不要求住高档宾馆，吃点萝卜青菜、喝点粥就已经满足了。跟那些动辄还要去桑拿泡脚的名师们相比，她多好打交道啊。

然而，她自己呢？家里常年只有老伴一人在，因为不会做饭，也懒得做，一直在外凑合着吃。她从外面上课回去，放下行李就要打扫房间，因为见不得脏。我说："请个保姆吧，这样家里家外的，累死了。"她说老伴不愿意，她常年不在家，就他跟保姆在，人家还不说闲话？女儿在美国定居，去年生孩子时特别希望她去帮忙，可她去不了，一堆的课等着呢。外孙一岁多了，她还没见着呢，就只在视频聊天时看着小家伙挺欢实。问她打算何时去美国探亲，她摇摇头，不知道，这边的事拴着，哪有时间啊？

她要登机了，我送她去登机口，想帮她拖着行李箱，被老太太拒绝了。虽然一只脚不灵便，她却比我走得还快。让她慢点，时间挺充裕，她笑笑说："这么多年都习惯了，慢不下来，真要没事做，心里反而慌得很。"看着她匆匆走向廊桥的背影，我多希望她不是去某个讲台，而是去哪里旅游观景，或者是去美国看女儿外孙。

前辈二：某高校教师，有海外留学背景，比我大几岁，算是同龄人。目前离异单身，女儿读高中，被她送到国外，需要大笔学费和生活费，压力很大。

严格说，我们没有直接交流过，就是几年前一起吃过一次饭，跟某地区负责人一起，互相点点头，算是认识了。席间主要是她和那人在说，眉飞色舞，偶尔还做出小女孩撒娇状。只是在我问到当地风俗时，她因为是当地人，应答了两句。我暗自揣测，或许不是一个学科，所以没有共同话题？也或者是年龄相仿，而她入行要早得多，所以无论从经验还是人脉，心理上都有一种优越感？不得不说，女人对女人其实有着更复杂、微妙的心理。从那以后，我们再无交集。

有关她的话题，主要都是听各地的工作人员讲的。她授课水平当然不差，听说很有气场。但最早有印象的，倒不是她的讲课，而是有一次某地区说她大发脾气，原因是招生宣传时，地区没有按照她的要求修改对她的"尊称"和排序。我有些不能理解,所谓称呼、排序有那么重要吗?地区工作人员对我说,这是家常便饭了,因为一个学科通常是几个老师共同授课,他们常常为谁的名字该排在第一,以及排序先后而受到老师们的谴责。事实上,大家的授课风格不同,在各地区受欢迎的程度不免会有差异。就像明星偶像,那也是萝卜白菜各有所爱。为了招生计,工作人员自然会考虑当地的情况。而老师们通常是不管这些的,只看自己的排名。

我更想说的是另一件事,前几年她暑期上课,常常要带着孩子,那时我还不知道她离婚了。女人有时的确好奇心重,我就问了一句,她家里没人帮着照看吗?因为她上课都不是一天两天,有时连着一星期,把孩子带到上课的地方,即便有人临时帮着照看,对孩子而言也不是一件有意思的事。接待的人言辞含糊,我就没再问了。后来大家熟悉了,他们对我说:"她离婚了,因为跟某地那谁好上了,是她主动提出跟丈夫离的。"当时我听到后,有点吃惊,他们口中所说的那谁,我也是常常要打交道的,我们多次一起吃过饭,他有时还带着女友,现在是他老婆了,还有了孩子。

起初我以为,她在这圈子里久了,又有些盛气凌人,难免得罪些人;而那个小伙子,也确实太张扬了些,或许是别人捕风捉影?但后来,我不止一次听到人家说她太不划算,一场游戏当了真,现在落得个孤家寡人,还要一人辛苦拉扯孩子。直到前边那位前辈也这么替她不值,我才明白,果有其事。当然，究竟是不是游戏，我们局外人说了不算。从女人的角度而言，都为此离婚了，用一句游戏说她，未免有失公道，尽管我不了解她，更谈不上抱不平。再者，这种事值不值，也只有当事人才有资格评判，且不必对我等表白。或许双方都有各自的考量，走到如今这一步，很难简单地说谁对谁错或者值不值。

这次见到她，是因为我们都要在成都转机，坐同一辆车去机场。简单打过招呼后，彼此无话。她比几年前我们见面时憔悴太多了，孩子在国外一年三四十万的花费，对于工薪家庭毕竟不是小数目。途中她女儿有电话来，细碎的叮咛，絮絮的嘱咐，甚至偶尔能感到的哽咽，让我看到了这个女强人的另一面。挂了电话，她不好意思地对我笑了笑，"孩子太小，一个人在外面，就总是会打电话来。"我不知该说些什么，只能泛泛宽慰她几句。同为母亲，我理解她。单身母亲，更不易。

到了机场，她要去下一个上课的地方。我则要回家了，女儿在电话里说："爸爸这几天做的早餐特别好，每天不重样，比你做的好吃多了。我们已经准备好了去坝上草原的东西，就等你回来出发啦。"好吧，不管怎样，有人在家等着，回到家有口热饭，有空时带孩子出去转转。日子虽平淡，心里是踏实的，还要怎样呢？

卖菜女

我家附近总有一些半流动性的摊贩，卖水果、蔬菜或干果之类。说是半流动性，因为他们要么推着推车，要么开着微型小货车，营业执照当然是没有的，但又不属于那种纯粹打一枪换一个地方的小贩，而是长年累月比较固定在某一个街角的开阔地或直接就在小区门口支摊。想来这里算城乡接合部了，所以也是城管工作的死角，于是他们就有了长期生存的空间。我说的这个卖菜女，就是这些人中的一个。其实这个群体在城市的大街小巷随处可见，但大家很少走近和了解他们，至少我是这样。就拿这个卖菜女来说，她在那里至少也有一两年了，但我认认真真看清她的模样，也就是不久前，对她产生了强烈的兴趣后，才有意识地观察了她。

最初我从没想着去她那里买菜，因为很多菜她就直接放地上，一堆一堆。而她本人，总是穿着看不出颜色的衣服，席地而坐。嘴里一边嚼着馒头，一边高声大气地跟买菜的人聊天。我常常看见一些女人从她那里带走一大袋一大袋的菜。有时回家就跟先生说："你说那些人，至于嘛，买那么一堆菜，能吃完吗？中国人，贪便宜的毛病哪里都有。"先生笑笑："你管人家干吗。一个愿打一个愿挨，跟你有啥关系？"直到有一天从学校回来，想着晚上要烧鱼，需要几根小葱，又懒得为此去超市排队，就拐到她那里。看到我过去，她一边给别人称重，一边招呼我："小姑娘，想买点啥菜？"我不解地看看旁边，似乎就只有我是刚到的。她看我没答话，接着说："就是问你呢，小姑娘。"我一下笑了，"大姐，你嘴巴真甜，可也不至于叫我小姑娘吧。"旁边埋头挑菜的一个女人搭话了，"她就这样，你看看我，怎么着也比她大不少吧，她一口一个大妹子，习惯就好了。"说完，把一堆菜放进一个超大袋子，还唠叨着："前两天才买了你一堆菜，今天就出来遛弯的，这又弄一堆回去。"

我捡好了要买的小葱，随手扒拉着旁边一捆菠菜的中间部分，有些小贩常常只是把最外层包些好的，中间都是乱七八糟的。看我扒拉菠菜，卖菜女立刻说："小姑娘，你就该多吃点菠菜，天天坐在电脑跟前，还戴着眼镜，菠菜吃了明目啊。这比超市便宜太多了，还新鲜。这一捆都给你，5块钱。我没打水，放几天都没事。"还没等我反应过来，她手脚麻利地把那一捆菠菜装在一个大袋子里，连同小葱一并塞给我，还直说："5块钱，对你们来说算啥啊。这好好的菜，拿去吃吧，你不吃亏。"好嘛，本来就只想买一把小葱，竟捎带着买回一捆菠菜。

先生嘲笑我:"呵,你不是说人家那些女人贪便宜嘛。今儿这是怎么啦?哈哈哈。"是啊,我怎么就不知不觉买了那捆明知吃不了的菠菜呢?后来又去了几次,要是不赶时间,我就站在边上,看她如何说服人家多买她的菜。渐渐发现,这看着大大咧咧的卖菜女最拿手的本事就在于,她常常三言两语轻而易举就让你多买不止一倍的菜,并且捎带着还几乎强卖似的再多添一些,你还不见得好拒绝。因为,她的理由总是很充分,举止又非常坦然,让你不觉得她是强卖。当然,实事求是地说,她的菜的确物美价廉,尽管常常被放在地上,呵呵。

有一天吃过晚饭,女儿说第二天早上想吃疙瘩汤,家里没有小油菜了。我就跟先生说:"你去她那里买一把小油菜吧,要是我去,没准又拎一大袋回来了。"先生领命而去,不多时回来了,一进门就叫我,我正在厨房洗碗。出去一看,妈呀,他竟一手提一个大袋子。我狂笑,"还说我,看看你自己,被忽悠买啥了。"先生很窘,让我看他买的东西。一大袋油菜,一大袋蘑菇。我能想象,她一定是边可劲往袋子里装,边说:"大兄弟,你看这菜多好啊,这蘑菇,这油菜,看这嫩啊。你哪有工夫天天来买,是不?拿家吃去吧,不会让你吃亏。"一边麻利地把两个袋子装好递给他。

但是,真让我对她刮目相看的并不是这个。那天,我刚好办事路过她那里,一个女人买好菜了,口袋里的零钱不够,卖菜女豪气地说:"算啦,拿去吃吧,不够就不够了,也没几个钱。"那女人可能觉得不太好，竟说："对了，我这里买的有苹果，给你一个吧。"卖菜女坚决不要，"我要你一个苹果干嘛。钱包我都捡过好多个，都还给人家了。有一次，那人给我20块钱，说谢谢我把钱包还给他，我死活没要。我要那20块钱能咋样，更别说你一个苹果。"这卖菜女还真有点不同于一般小贩呢。我买了14块钱的菜，可钱包里只有一百的了，她也找不开。我说那算了，不买了。没想到，她把那些菜一把塞给我，仍然很豪气地说"先拿去吃吧，没几个钱，你别黑我啊。"这下我真的有些吃惊了，她这么小本买卖，竟如此大方地赊账呢。

第二天，我去还钱时，轮到她吃惊了。一个劲说："谢谢你啊，小妹妹。谢谢你啊，小妹妹。"我倒不知所措了，"谢我干吗啊，我欠你钱，就应该还你啊。"她说："你不知道，我经常被人黑，拿了菜走，说得好好的，后来钱就不还了。"我说："那你还赊账啊，本来你这菜卖得就便宜。"她说："就是没几个钱啊，谁承想会不还呢。算了，不还就不还了，少那几个钱我还能饿死？"我不知该说什么，她老家有三个孩子读高中，全靠她卖菜养活。她丈夫跟她在一起，我去买过不少次菜了，几乎没听见他说过话，只是埋头帮着递袋子，卸菜，像一个影子，全部生意都是她出面招揽。可她很乐观，从来都是笑呵呵的，常常边啃馒头边干活，还不耽误跟人开玩笑，拉家常。

我曾想把家里妈妈以前穿过的衣服送给她，面料很不错，一直也没舍得扔。可不知为何，总开不了口。或许是她那句"我要你一个苹果干嘛"阻止了我。尊严，是值得维护和尊重的，无论对谁。

无言的相伴

小区门前的红绿灯处，有一块开阔地，地上横七竖八堆着各种型号的自行车轮胎，还有一个破旧的半封闭式手推车，里面装着各种自行车配件。我有时能看到修车的老头儿把瘦小的身躯蜷缩在手推车最外边狭小的一绺空闲地，半张着嘴，安稳地睡着，任凭来来往往的车就在身边呼啸而过。不免感慨，身边有太多的人，躺在舒舒服服的床上，周围不能有一点动静，还要失眠呢，瞧瞧人家，大街上都能幸福的呼呼。每逢这时，就看见一个老太太（应该是他的老伴）忙活着给人补车胎，换零件。当然，因为都是匆匆路过，并没有注意太多。

前两天，女儿的自行车闸坏了。我头天下班回来路过那里，想着先问问有没有那种型号的，万一把车推过去，他没有配件，岂不是白跑一趟？因为没有生意，老头儿又蜷缩在手推车里，不过这回没睡着。我走到他跟前，问他话，没想到他一再摆手，还指指自己的耳朵。哦，原来是聋哑人。旁边有人说："你必须把自行车推过来，他看了自然知道该怎么修。"这次没见到他老伴，我以为如果她在，我就可以省事了。

　　第二天一早，我推着自行车过去，老头儿已经在给人补胎了，我只好在一边先等着。这时，他老伴来了，手里提着一个布袋，从里边拿出两个饭盒摆在老头儿常常睡觉的地方，然后走到老头身边，用手拽拽他的衣袖，很自然地要接老头儿的活。天，这是一对聋哑夫妻！老头儿还想继续干，老伴一把从他手里夺过铁挫，另一只手把他从小凳上拉起来。因为离的近，我很清楚地看到他俩握在一起的手很粗糙，脸上的皱纹也很深，估计比我妈妈的年龄还要大，心里不免泛起一些怜悯。

　　老头儿并没有去吃饭，而是准备修我的车了。我摆摆手，指指饭盒，意思是让他先吃饭。老头儿笑了笑，也摆摆手，麻利地开始卸坏了的车闸。那边，老伴背对着我们，继续用铁挫磨车胎。其实，我不过是从局外人的角度来看他们罢了，这样无言的相伴，彼此照拂，不一样是幸福的吗？正胡乱想着，那边补车胎的人叫了一声，原来是铁挫的尖戳到了老太太的手背上，已经渗出一片血来。看我们都到老太太旁边去了，老头赶紧也跟过来，一看老伴手上的血，嘴里呜呜地叫着，从裤子口袋里掏出一个皱巴巴的手绢，裹在她手上。老太太使劲摆着另一只手，抬起头努力向老头做了一个笑脸，一个带着深深皱纹的，却透着满满温暖的、安详明澈的笑脸。

我的车很快修好了，因为没法问价钱，我就把钱掏出来，让他们自己拿。老头取了一张10元的递给老伴，我转身推了车准备走，老太太赶紧拉了我一下，递给我一张5元的。我摆摆手，表示不要了。她很坚决地用那只仍然裹着手绢的手，把钱塞给我，随即又笑了，一个毫无保留的、坦坦然然的、自足自得的笑。

老头儿终于开始安心地吃早饭了，老太太在一旁收拾着工具。即便是无言的相伴，也是美好的！

淘淘的爱情

淘淘是只棕色的小泰迪,到我家时才满月,先生刚把她放在客厅的地板上,她就吓得哆哆嗦嗦,两只大眼睛无助地瞅着先生,直往他脚边凑。后来渐渐熟悉了新家,她开始肆无忌惮地满屋乱窜,有一次竟然钻到衣柜的被子里,舒舒服服地睡了一晚。我发现后,大呼小叫让她出来,她淡定地歪着头,眼神萌萌地看着我,一副很无辜的样子。我有时在电脑前工作,很长时间没空搭理她,她就会使劲用小爪子扒拉我的胳膊,一次不行就两次,直到我把她抱到腿上才作罢。转眼间,她已经八个月了,在我眼里还是个小不点儿。

突然有一天,当我带着她在院子里遛弯时,发现她成了诸多"男生们"竞相追逐的女神。一只黄白相间的柯基悠悠,看到淘淘就两眼放光地直奔过来,因为跑得太急切,胖胖的屁股滑稽地扭搭着。可惜,淘淘眼里没有他,撩着细细的长腿很快躲开了,留下悠悠怅然地望着她的背影。嗯,这是一个绅士,知道有些事不可强求。他的主人调侃,悠悠,你腿太短了,人家看不上你啊。

留着蘑菇头的比熊毛毛可就彪悍多了。昨天早晨,我带着淘淘送女儿去上学,迎头碰上毛毛正跟在牧羊犬灰灰屁股后边,颠颠地讨好人家。但灰灰刚做了妈妈,一门心思照顾孩子呢,哪里会在意他这个毛头小伙子呢?不怕,毛毛的强项就是即便被拒绝一百次,他还有一百零一次的勇气,哈哈。这不,一眼看到淘淘出来了,立马转移目标,以百米冲刺的速度卷着就滚到我们这里,胆小的淘淘被吓得一个机灵,小身子迅速躲在我腿后边,只露出半张脸惊恐地瞅着激情四溅的毛毛。随后,一个可着劲儿追,一个拼了命躲。在我腿边转了一圈又一圈。女儿在旁边急了,快走,要迟到了。我赶紧抱起淘淘,毛毛一看女神要走,干脆两条腿紧紧抱着我的腿,跟着往前走。他的主人看不过去了,赶过来训斥:毛毛,你脸皮怎么这么厚呢,快松手。可惜毛毛那一刻的世界里只有淘淘,对主人的话充耳不闻。没法子,主人只好生拉硬拽把他的爪从我腿上拉开。下午又碰上了,毛毛主人对我说,你们早上走后,毛毛还一直追到大门口呢,没看到你们才作罢。

淘淘比较钟情的是一只低调内敛,浑身毛皮油光发亮的哈士奇奔奔。最初是妈妈带着她出去时认识的,不过妈妈感兴趣的是奔奔的毛为何那么亮?奔奔的主人是个瘦瘦的、不善言谈的男生。他告诉妈妈,奔奔是他在一个大学校园里捡到的流浪狗。刚捡回来时很瘦,他就专门熬米汤,配置营养餐给奔奔吃。因为出门的时间比较一致,不知从哪天开始,奔奔和淘淘彼此有了好感。他俩传情的方式很好玩，通常是奔奔先用鼻子碰碰淘淘，淘淘矜持地躲一下，往后退几步。于是奔奔有点受挫，迟疑地站住，淘淘又慢慢凑上去，欲拒还迎地蹭下奔奔的脸，受到鼓舞的奔奔雀跃着想再亲近时，淘淘又跑开了，这是小妖精一枚啊，很会撩拨男狗，哈哈。有趣的是，奔奔一点也不着急，既不像悠悠那样随便放手，更不像毛毛似得使蛮劲。而是温柔地、耐心地陪着淘淘兜圈圈，一往情深的样子。是不是狗也有情商呢？爱屋及乌，我也有些喜欢奔奔啦。

可是，余先生说，这事要慎重，必须给淘淘找一个门当户对的爱人。好吧，反正淘淘还不到一岁，慢慢物色吧。字敲到这里，看了一眼淘淘，她安安静静地趴在沙发上，小脑袋歪着，眼睛眯眯着。妈妈在一旁说："淘淘跟以前不一样了，文静很多。"怎么说，也是大姑娘了嘛，在想心事吧。

阳朔之行

小时候的课本里就提到"桂林山水甲天下",直到去年才终于成行。到了才听当地人说,桂林最美的地方在阳朔,人曰"阳朔堪称甲桂林"。跟着旅行团,自然是走马看花。不过总归是这些年去的地方多了,发现大多数地方是期望越高,心里落差越大。所以,就当是看看不曾到过的地方,也就没有所谓"看景不如听景"式的遗憾,反而能享受所到的每一处,尽情放松。三天时间先后去了桂林市区的漓江、日月双塔;阳朔的金水岩(喀斯特地下岩洞)、侗族村(母系氏族);十里画廊的图腾古道(史前桂林人甑皮人生活展示)、月亮山和千年榕树区,还有压轴的阳朔境内的漓江竹筏游。

感觉最好的是在阳朔游漓江,两岸都是山,各式各样,端看你有没有想象力。我们坐在竹筏上,撑船的大哥指着一座山说:"这叫并驾齐驱,看那两匹马的马头紧紧挨在一起。"一个小姑娘看了半天,一个劲地问:"在哪啊,我怎么没看出来?"说实话,如果不是他这么介绍,我也没看出来,是有点那么个意思,但一定要较真的话,反而无趣。当然，如果用峭、奇或险来衡量，这里的山确实算不上惊艳，它的美在于秀。而且，与漓江的清澈见底相呼应的话，确是浑然一体，一座一座绵延起伏的山峰倒映在水中，别有一番情致。更不用说，把光脚丫放在水里，拍打着水面溅起朵朵浪花的惬意了。有水的地方，山就有了灵气，这话不错。还要加一句，有水的地方，人也变得有情趣了。

至于少数民族风俗，既然成了景观，当然不能指望看到他们真实的生活状态，无论是侗族还是史前的甑皮人。我想，没有大批游人来的时候，他们的生活应当很平静，民风淳朴，自然也贫穷。现在他们富裕了，可也没有了往昔的安宁，无论是日常生活还是心理状态。尤其是在参观甑皮人生活区的时候，有些草屋还住着一些妇女和孩子，偶尔有成年男人。我不知道当拥挤的人群带着猎奇的眼光打量并对他们评头论足时，他们心里是怎么想的？参观的人群中不止一人说："怎么像是到了动物园呢。"话虽难听，的确也是真实感受。

虽然不可能跟甑皮人有语言上的交流，但我注意观察了她们的眼神，多少都带着一些警觉。然而，当我们即将走出景区时，我才明白自己真是想多了，因为导游说："为了帮助他们，请你们至少留下5元钱吧。"还没等大家伙反应过来，甑皮妇女们就一拥而上，伸出手等着了。她们其实就是演员，被参观就是她们的职业，而且从参观的人流量来估算的话，回报相当丰厚，这还不包括与她们合影的收费，以及出售的纪念品。

不过，总还是有一些不同之处。这里的少数民族带有母系氏族的遗风，女人地位高，男孩子是"赔钱货"。表现在男入女家、三年试婚等，如果我没搞错的话，跟泸沽湖的摩梭人有些类似。当然，地位高就意味着承担的责任重，这里的家庭主要靠女人挣钱养家，生完孩子很快就要干活，绝不可能像我们一样休息几个月。我其实很好奇，这里被养着的男人们是什么状态？但因为在各家各户碰到的都是女人，要么经营家庭旅馆，要么出售土特产或银饰品，实际上并没有接触到当地男人。当然，她们自己也说，这样的生活方式其实已经越来越难以维持了，尤其是越来越多的年轻人走出去谋生后，新思想、新观念不断冲击和改变着固有的传统，这恐怕是大势所趋，只不过早晚而已。

喀斯特地貌一直是我向往的，如果不是一定要跟云贵高原的相比，我觉得阳朔的也不错。有水中岩洞，也有陆上岩洞，单是那些千姿百态的形状本身，就让人惊叹自然的奇妙。当地把它作为主打景观，花了大力气开发出来，在一些形状奇特的岩石周围都设置了彩灯。再加上人的想象力附着在其上后，更是有了一层魔幻般的效应。有那么一小会，我独自走到人流少、灯光昏暗的地方，用手触摸着这些千年石壁，湿漉漉阴凉凉、听着石壁上的水珠落入潭中的滴答声，油然生出沧海桑田般的茫然与孤独。在时间和自然面前，人多么渺小！很久很久以前，这里是什么样呢？

阳朔有名的除了自然景观外，还有西街。夜晚的西街很疯狂，人潮涌动，街道两旁很多酒吧，喧嚣的音乐震得人头皮发麻，但也调动起人们莫名的激情与冲动。跟着旅行团里的一帮小孩在舞池里叫着、笑着，竟有了不知身处何处的忘我。领头的是一个帅帅的东北小伙子，有着东北人典型的粗犷与幽默。自从上了旅游车他就成了副导游，到了酒吧又变身DJ外加领舞。有这样的人在，我们的队伍想不显眼很难，想不开心也不可能。看着那些小姑娘围在他身边，我乐了，这样的男人是会让爱他的女人受苦的，因为他太张扬，而且人见人爱。正想着，他一把拽过我，大声说："姐，到这里就要放得开，尽情玩！放心，有我在，没事！"我知道没事，也已经很放开了，为什么不呢，去就是找乐子的。

说说吃的吧。这里有名的是米粉、桂花糕、啤酒鱼。当然，还有各种热带水果。芒果自不必说，一个只需5元钱，很甜。还认识了一种黄色，圆圆的，表面长一层绒毛的果子，看到当地人都在吃，大家好奇地问是什么？他们答：黄屁股。吓了我们一跳，怎么这么个名字。买来一尝，酸酸甜甜，很好吃，虽然名字很不雅。我想一定是方言，他们又说得很快，应该不是这个名字。后来坐竹筏时，看到撑船大哥在吃，我请他说得慢一点，才搞清楚，是叫黄皮果。汗！差距也太大了吧。桂花糕吃起来一般，兴许是我不喜欢吃糕点的缘故。

倒是逛西街时的新鲜甘蔗汁让我惊喜了，甜而不腻，是那种淡淡的、清新的甜。买了一杯，刚喝一半，又碰见烤小白鱼，是漓江里产的，迫不及待拿起一条，把甘蔗汁放在人家摊位上，正吃得高兴，飞来横祸。身后一辆放满了东西的推车，因主人不在，竟顺着坡溜到烤鱼摊子上。我惊叫着躲到一边，眼看着它撞到烤鱼车上，正觉着自己幸运。突然想起我的甘蔗汁，连同烤鱼在内，无一例外躺在地上，一片狼藉。

至于桂林米粉，当我还是学生时，它一直是我的至爱，一段时间不吃就想得慌。没想到，后来怀孕时，一看到"米粉"这俩字，我都会犯恶心。从此，就戒了它。所以，旅行团的伙伴们去吃的时候，我没有去凑热闹。然而，在机场候机时，还能看到米粉的招牌。想想来一趟桂林，竟没吃米粉，似乎有些说不过去啊。结果花了70元钱买了一份，没有任何意外的不好吃。当然，终于死心了，也好！

桂林的市标是桂花，包括阳朔的路边都是桂花树。来这里最好的时节是阴历九月，满城桂花飘香。不要跟团，也无须在桂林市逗留。买一张船票沿漓江一路漂流直到阳朔，在桂花香里看尽秀丽的山峰。到了阳朔，租一辆自行车，且骑且游，遇见好看的风景停下来，细细观赏，才是真正的旅游。

当我坐在旅游大巴车上，眼热地看着路上骑行的人，如果再去，就得这样。

重游青岛

说是重游，因为青岛刚开通动车时去玩过，不过那次是冬季去的。今年则刚好赶在这个城市人气最旺的时候——啤酒节开幕那天到了。所谓游记，我理解的是，无所谓正确与否，也不必介意是否完整，眼睛留意哪里，脚步走到哪里，心里想到哪里，就记到哪里。兴之所至，信手拈来。所以，这一次青岛在我笔下是这样的。

下海不如观海

每个去青岛的人，似乎都冲着海去了。这些年海滨城市也去了一些，但从火车站出来到住处的路上，在经过青岛第一海滨浴场时，那人气还是把我惊住了。放眼望去，海滩上密密麻麻都是人，顿时令我失去了下海的兴致。其实若真喜欢海水浴的话，没必要跑这么远，受这份拥挤，这几年火起来的东戴河就成，人不算太多，水也还干净。

我们到的第二天清早，下起了细细的雨。站在栈桥上，浪花一波一波拍打着脚面，裙摆被风吹得恣意起舞，看海面上逐渐升起一层薄薄的水汽，目光所及处，海天一色。还有几对新人们，在微雨中拍婚纱照。白衣、蓝海、褐石，映衬着眼中的笑。那一刻，青岛的海有了它的独特之处——下海不如观海。

青岛啤酒只能在青岛喝

赫赫有名的青岛啤酒，起初对我并没有任何吸引力。尽管我们赶着啤酒节去的，也是带着猎奇的心理，看热闹的成分居多，倒不是真想喝一口。因为不止一个人告诉我，青岛独一无二的景致——满大街都是用塑料袋提着啤酒的人。看过才发现，这说法夸张了。当然，那里的确有这个习惯，散称酒，当地人习以为常，只有我们这些外地人当成了一景。我想说的主要还不是这个，而是青岛啤酒只有在青岛喝，才真叫好喝！据导游告诉我们，原因一是水，地产青岛啤酒取自崂山的水；二是它的酵母，一百年前从德国带过来的。当然，还有一个比较专业的理由，直接从生产线下来的酒，不经过装罐、密封，保证了原汁原味，这也是当地人愿意打散酒的原因。我没法形容它的口感，只能说，在那里前后待了三天，每天都在喝，是真的想喝，主动要喝。还好，只是去玩几天，否则岂不要成酒鬼了呢。

欧式建筑

青岛最让我流连的是它的建筑。一百多年前德国曾经殖民青岛，在当地留下了很多经典的欧式建筑，首推"总督府"。前几年去时，没到总督府参观，这次专门找了时间去。总督府的大部分建筑材料都是从德国运过来的，外墙由一些大小不一的石块堆砌，颜色以砖红、浅黄、灰褐为主，间或有蓝的瓦、白的窗。远远看去，既庄严大气，又不失浪漫典雅。室内的装饰中西合璧，有西式壁炉、水晶吊灯、象牙钢琴，还有中式桌椅、梳妆台和床榻。尤其是会客厅的那盏大吊灯，重达一吨多，即使在一百年后的今天，灯上的水晶珠串仍然奢华得耀眼；厚重的铜质灯罩则散发着幽远的贵族气息。想象着一百年前这里的车水马龙，达官名流、贵妇淑媛云集的景象，我竟忘了它是殖民地时代的遗迹。

青岛的欧式建筑大多集中在老城区，它们与高楼林立的新城区形成了鲜明对比。这次去青岛，最幸运的是住在了八大关景区中。这里是青岛欧式建筑最经典的地方，大多建于20世纪30年代，现在算是青岛的高档别墅区，要么是单位的疗养院，要么是私人会所。第一次去时，我只能在围墙外面惊叹它们的别致，琢磨着究竟什么人住在里边呢？这次终于如愿以偿。之所以叫八大关，是以中国的八处（确切说是十处）关隘命名的。这里都是独门独栋的别墅，每一处别墅的建筑都是一道风景，都有一段故事。道路两旁的树木都有百年历史了，浓密的树荫阻隔了热浪，也避免了阳光的直射。晚上吃过饭，这里的游人已经很少了，一个人安静地走在路上，看看建筑物上镌刻着的历史，听着不远处海滩上的嬉戏声，刹那间生出时光交错的恍惚感。

崂山

崂山也是去青岛的游客基本都会去的地方，但说实话有些失望。那里打着道家文化的旗号，但景区的开发显然还不够文化。虽说道士穿墙而过的故事蛮吸引人，可谁都知道那就是个故事而已。景区竟然专门设置了一面墙，导游说那就是当年道士学穿墙术的地方，香火倒也旺盛，然而总觉得有些不伦不类。草草看过，就坐在树下凉快去了。

要说崂山给我留下印象的地方，当属一个小插曲。我们上山途中，有卖水果的。看到一个像手掌的果子，金黄金黄，很厚实，别处从来没见过，名字更悬乎，叫莲花果。当时就纳闷了，道教的地盘怎么会给果子取了带着禅意的名字呢？心想下山来一定要买个尝尝。谁知再往上走，恰逢一老兄在吃，但那表情绝对不是享受。一问，果然直摇头，不是一般的难吃！暗自庆幸出手慢点也有好处。下山后跟当地人打听，他们爆笑。原来那根本不是水果，而是类似于南瓜的一种东东。心下嘀咕，既然是南瓜，干吗还要和水果放一起卖啊，不够地道，显见的欺负外地人。在山下等车时，看一些游人的确当宝贝似的买了，心里万分同情他们。

其他

青岛的路对我这种路盲而言，简直就是灾难，在我们住的八大关景区我已被弄得晕头转向。因为很多路都是单行线，而且不是沿规则的方向而修。即便是问路，别人说清楚都很难。还好不用坐公交车，否则只有哭的份。

吃海鲜自然要写一笔。在私人会所的露天餐厅中，虽说失去了边观海边大快朵颐的乐趣，但耳边也没了吆三喝五的嘈杂，自是另一种感觉。雪白的餐巾、晶莹的玻璃杯，金黄色的啤酒顺着杯壁缓缓而下，更遑论那些无比硕大的螃蟹、虾等是大排档很难见到的。没有了市井的热乎劲，却也体验了一丝短暂而隐秘的优越感。

当然，损失还是有的。一个就是晒得黑红的皮肤，现在还有些灼热感；还有就是身上被叮的大包小包。最可气的是，我很少看到蚊子，只有当感觉痒时，才知道被蚊子偷偷地深吻了。

慢游成都

成都于我而言是一个特别的地方,因为这几年我一直追着看知性女作家洁尘的随笔集,她就生活在这个城市,从她的眼睛里看进去,成都是一个奇妙无比,活色生香的地方,永远有写不完的话题。她在《生活就是秘密》一书的首页上写了一句话:"一个人跟一个城市的缘分有多深,这是命定的。我跟成都的缘分,就是树和土地的缘分。"就是这句话让我决定好好感受一下成都。

之所以叫"慢游",一是因为时间比较充裕;二则因为心境格外闲适。在成都玩,如果还是匆匆又匆匆,那就太辜负了这个城市。出门之前先做了规划,要去杜甫草堂、武侯祠、锦里和宽窄巷子。但出租车司机对我说:"宽窄巷子和锦里差不太多,还是去锦里吧。杜甫草堂其实就是一个公园,不如去武侯祠。"锦里就是武侯祠景区的一部分,而杜甫草堂我是一定要去的。

为了避开人流高峰,傍晚六点我先去了锦里,那里晚上游客特别多,而六点的锦里算是相对清净的。我原本是冲着两样去的,一是看民俗;二是各色小吃。但感觉没有介绍的那般惊艳，所谓民俗如果是当地的，就是变脸。只有一个地方表演，还是按点才有。我倒是赶上一场，但进去一看，人满为患，热烘烘的空气让人很难有好心情去欣赏。再就是一个挨一个的茶馆和酒吧，中西混杂，所有店面几乎都是"大红灯笼高高挂"，带着艳俗的喜庆。其余就是糖人、面人、剪纸（三国人物居多）和各种手工小玩意。小吃的确很丰富，看到一家店还比较干净，我就坐下了，要了一份棒棒鸡、一碗麻辣凉面，味道还不错，看上去都红通通的，但没有想象中的辣，只是没吃完就很饱了。后来走到小吃街，看到人家边走边吃，臭豆腐、钵钵鸡还有三大炮啥的，真是恨不能再生出一个胃来。

进到武侯祠，天已经黑了，对于我这样一个路盲来说，夜游真是一种挑战！虽然独自在比较陌生的城市，我应该害怕的，但那天晚上没有。也许，我跟成都的确有缘吧，尽管这缘分因何而来我并不很清楚。因为是晚上，游人不多，一个人慢悠悠地东看西看，很是惬意。一些出土的碑，一大片盆景区，还有各式乌木的雕塑，我一边细细看一边用手触摸，感觉它们的质地，尤其感慨于附着在其上的时光。还有一处令我惊叹的，就是景区有一个历代服饰展。说是历代，清朝的居多。别的倒也罢了，看到几双女鞋，真是三寸呵，这么近距离看到，还是第一次。都走出大门了，我眼前还晃着那几双鞋，庆幸自己没有生在那样的年代。至于那些祠庙，三国人物塑像，说实话，我并不太感兴趣。

杜甫草堂是这次"慢游"感觉最好的去处，它坐落于成都西郊的浣花溪畔（多么诗意的地名），典雅舒缓的古琴曲作为背景音乐在整个园区悠悠地回荡，簇簇碧竹环绕着大小水塘，间或能看到塘中盛开着朵朵清莲。草堂中有多处历代文人题写的杜甫诗作，从宋到当代。其中"少陵草堂"碑亭的四个字，居然是清代康熙皇帝第十七子果亲王爱新觉罗·允礼所书写。《甄嬛传》中那个满身诗意、超凡脱俗而又痴情不改的男人。形象是杜撰的，但眼前这四个字却货真价实。我因了对那个杜撰出来的角色的好感，而在碑亭前出了好一会儿神。草堂中还有一处"唐风遗韵"的服务中心，出售刻在木片上的《大悲咒》和《心经》，古色古香的禅意竟让我有了片刻的超脱之感，现在想来，有点遗憾没有带回来一套。

走得累了，就找一处阴凉地，闭上眼睛静听古乐，或者伏在小桥的栏杆上看水中嬉戏的鱼儿。草堂中也有茶馆，我没有进去，一个人喝茶，或许风雅，但我更愿意有人陪着一起品。临出园子时飘了一点小雨，细细绵绵，是成都的味道。

成都有一个酒吧叫"白夜"，开在宽窄巷子里，掌柜的是叫翟永明的女诗人，出过很多诗集。有一个美丽的农庄叫"樱园"，是粉子（成都话里美女的意思）熊英开的，她穿着波西米亚长裙，穿梭在三亩地范围内的花、树、菜、狗、鸡之间。这些都是《生活就是秘密》告诉我的。

一个人跟一个城市的缘分，是渗在成长痕迹里，刻在生活圈子中的。

第三篇

书影中的她们

日常生活的踏实可令人安享岁月静好，
但太没悬念的日子不免让人失了兴头。
既不愿冒险失去尽在掌握的一切，
又可以安全地体验一把恣意而为的畅快，
读书、观影怕是最稳妥的法子了。

书里的她们，像是另一个世界里的你。
书与人之间的默契，犹如一场恰如其分的相遇。
它们让你猝不及防，
似乎心里某一处刻意筑起的东西，刹那间土崩瓦解。
人未动，
心却千回百转，完成了平淡生活里无法实现的探险。
读书是给精神化妆，
让你自带光芒却不刺眼，自有主张但不妄为，
温润通透，如玉。

影像中的她们，
有的优雅内敛，
带给你美的愉悦和视觉的盛宴；
有的果敢练达，
引领你突破自我，享受片刻的飞扬；

有的怨气冲天,
促使你警醒,避免陷入同样的泥潭。
观影是为心灵排毒,
它让你哭了、笑了、也疗愈了,
在别人的悲喜里释放自己的情绪。
那一刻,你至柔至坚,似水。

找一个阳光暖暖的午后,沏一盏清茶;
或月色清凉的夜晚,倒一杯红酒,
赴一个书香丽影中的约会,
和她们,也和你自己。

《雅致人生》/时间中的女人、男人

　　书架上有两本花城出版社1991年出版的《人生文丛》，是先生读大学时买的。说来惭愧，它们一直在那里搁着，直到近来整理书架时才抽出一阅。真的读了，竟有相见恨晚的感觉，或许是我目前的状态比较适宜读这类的书。单从书的封面、装帧以及纸质而言，是有些历史感了，再加上先生在扉页上写了"购于人大书摊，1991年10月"的字样，还有人名章。然而，仔细看看，古朴、秀雅的设计颇能反映编者的旨趣。如果让我用一句话形容读这两本书的感受，那就是"闲敲棋子落灯花"，尤其是梁实秋那本，更是幽默诙谐，常常令人忍俊不禁。

　　这套丛书一共二十本，我手边只有两本。一本是《梁实秋小品：雅致人生》，一本是《周作人小品：恬适人生》。封面都是漫画，有些夸张的造型，梁实秋那本是一个系领带的男人歪着脑袋，自得其乐地拉着二胡（是想说明"雅致"二字吧）；封底的梁先生笑意可亲。关于人生，他如是说："人，诚如波斯诗人莪谟伽耶玛所说，来不知从何处来，去不知向何处去，来时并非本愿，去时亦未征得同意，糊里糊涂地在世间逗留一段时间。在此期间内，我们是以心为形役呢？还是立德立功立言以求不朽呢？还是参究生死直超三界呢？这大主意需要自己拿。"[1] 是啊，这个主意不同，人生也就大相径庭了。然而，真的能参究生死直超三界，终非凡人能做到。但不以心为形役，梁先生应该是可以欣慰的。看看他七十一岁的爱情，这样的人生夫复何求呢？

周作人那本的封面是一个穿着长衫，脖子上围着红围巾的男人，手里端着盖碗茶，凝神端详笼里的鸟（俨然"恬适"的注脚）。封底的周先生不苟言笑，底下那段话倒也有趣："人世的快乐自然是可贪恋的，但这似乎只在青年男女才深切地感到，像我们将近'不惑'的人，尝过了凡人的苦乐，此外别无想做皇帝的野心，也就不觉得还有舍不得的快乐。到现在的快乐只想在闲时喝一杯清茶，看点新书，无论他是讲虫鸟的歌唱，或是记贤哲的思想，古今的刻绘，都足以使我感到人生的欣幸。"[2] 也许，那时人的寿命不如现在的长，人到中年就可以这般闲适了？还是各人追求不同的缘故？周作人写这篇短文是1941年，对于他当时的情况了解不多，不敢妄加评论。只是，他描述的情景，是我对自己老年生活的规划之一，而舍不得的快乐，我如今也还有不少呢。

---

[1] 梁实秋.梁实秋小品：雅致人生.广州：花城出版社，1991：36.
[2] 周作人.周作人小品：恬适人生.广州：花城出版社，1991：46.

既然讲人生，自然会讲到不同阶段的状况。他们都写了少年、中年和老年。青年已经过去了，老年还是将来。所以，我特别关注他们写的中年。文风当然各有千秋，我还是更偏好梁实秋。尤其他写中年女性的那段，简直令人捧腹。说来好笑，我之所以看这两本书，正是因为某一天先生读到这一段，竟不可遏制地狂笑，还得意地大声朗读。当然不可能是赞扬，但细想一下，言辞尽管苛刻了些，却颇传神，让人服气。摘录一段吧："一般的女人到了中年，更着急。哪个年轻女子不是饱满丰润得像一颗牛奶葡萄，一弹就破的样子？哪个年轻女子不是玲珑矫健得像一只燕子，跳动得那么轻灵？到了中年，全变了……牛奶葡萄要变成为金丝蜜枣，燕子要变鹌鹑。最暴露在外面的这张脸，从'鱼尾'起皱纹撒出一面网，纵横辐辏，疏而不漏，把脸逐渐织成一幅铁路线最发达的地图，脸上的皱纹已经不是熨斗能烫得平的，所以脂粉不可少……不过在上妆之前下妆之后容易令人联想起聊斋志异的那篇'画皮'而已。女人的肉好像是最禁不起地心的吸力，一到中年便一起松懈下来往下堆摊，成堆的肉挂在脸上，挂在腰间，挂在踝际。"[①]这样的描述简直让人抓狂。可是想想，也并非无中生有。那怎么办？他说："中年的妙趣，在于相当的认识人生，认识自己，从而做自己所能做的事，享受自己所能

---

① 梁实秋.梁实秋小品：雅致人生.广州：花城出版社，1991：15．

享受的生活。"①

梁实秋的书里,还有不少篇幅写女人,说到女人喜欢说谎、善变善哭;女人的嘴从小时的口齿伶俐到长大后的飞短流长、絮聒唠叨;女人的胆小和聪明等。关于女人的善变,他的白描尤为写实传神,简直可以称为妇女之友了。他说:"女人不仅在决断上善变,即便是一个小小的别针位置也常变,午前在领扣上,午后就许移到了头发上。三张沙发,能摆出若干阵势;几根头发,能梳出无数花头。讲到服装,其变化之多,常达到荒谬的程度。外国女子的帽子,可以是一根鸡毛,可以是半只铁锅,或是一个簸箕。中国女人的袍子,变化也就够多,领子高的时候可以使她像一只长颈鹿,袖子短的时候恨不得使两腋生风,至于纽扣盘花,绲边镶绣,则更加是变幻莫测。"② 不得不说,作家只有对日常生活保持着旺盛的好奇心和细致入微的观察,才能写出如此接地气的作品。

我特别关注了梁实秋笔下的女人,其实他的书里对男人也毫不留情,几近专揭短处的架势。梁实秋写男人的脏,"他的耳后脖根,土壤肥沃,常常易于种麦!袜子手绢不知随时洗涤,常常日积月累,到处塞藏,等到无可使用时,再从那一堆污垢存货当中拣选比较干净的去应急……多少男人洗脸都是专洗本部,边疆一概不理,洗脸完毕,手背可以不湿,有

---

① 梁实秋.梁实秋小品:雅致人生.广州:花城出版社,1991:16.
② 梁实秋.梁实秋小品:雅致人生.广州:花城出版社,1991:4.

的男人是在结婚后才开始刷牙。"[1]还写男人的懒、馋以及自私。太多的经典描述,惟妙惟肖。

虽然都是写人生,有人写的愤世嫉俗,恨铁不成钢,看的人心情沉郁。他写的却达观、诙谐,有着同情的理解,看的人酣畅舒爽。就创作而言,有人侧重家国情怀,举轻若重;有人则趣味烹调,于方寸间观人情世故。这本书的"雅致"二字,既可以看作是梁实秋的人生态度,也是一种行文风格。无独有偶,苏雪林也写过青年、中年和老年,自然也是不俗,但相较梁实秋,显得稍有些絮叨了。或许,除了文风及性别差异,更有人生际遇不同的缘故吧。当然,对读者而言,都是值得花时间看看的,即便不能心有戚戚,至少也可以怡情养性。

---

[1] 梁实秋.梁实秋小品:雅致人生.广州:花城出版社,1991:7.

《百年情书》话里话外的玄机

手边有一本真正的闲书——《百年情书》,书写年代严格说来并没有百年,但也历史很久了。已经忘了在什么情境下买的,起因自然是出于好奇。封面是很柔和的浅黄,点缀着细碎的小花。因为是闲书,一直闲置在床头。偶尔想起来随手翻到一页,不用顾忌前后顺序,觉得有趣就看几眼。没想到,咱们的先辈抒起情来,竟毫不逊色于奔放的西方人。当然,情书的主人公大多确也受过欧风美雨的浸淫。粗粗看下来,倒也蛮有趣。只是,情书背后还有更多……

情向谁书?

闻一多写给妻子高孝贞的情书最是直露。"我在想你,我亲爱的妻。我不晓得我是这样无用的人,你一去了,我就如同落了魂一样。我什么也不能做……亲爱的,我不怕死,只要我俩死在一起。我的心肝,我亲爱的妹妹,你在哪里?从此我再不放你离开我一天,我的肉,我的心肝!你一哥在想你，想得要死！"①此书写于1937年7月16日，正值卢沟桥事变。当时闻一多带着三个女儿在北平，高孝贞携两个儿子在武汉，炮火纷飞中相隔两地，心情可想而知。但即便如此，还是令我惊讶，中国人表达感情一向很含蓄啊，如此直白确实少见。

1922年初，闻一多奉父母命被迫娶高孝贞的时候，甚至想到了死，"那也对啊！——死！你要来就快来，／快来断送了这无边的痛苦！……"（闻一多诗《十一年一月二日作》）。蜜月期间，他冷落新婚的高孝贞，写下洋洋洒洒两万余字的论文《律诗的研究》。1922年夏，他去了美国，1922年冬，写了组诗《红豆》，共42首，表达对妻子的思念，"爱人啊！／将我作经线，／你作纬线，／命运织就了我们的婚姻之锦；／但是一帧回文锦哦！／横看是相思，／直看是相思，／顺看是相思，／倒看是相思，／斜看正看都是相思，／怎样看也看不出团圆二字。"然而，1923年1月，他写信给好友梁实秋说："不消说得你是比我幸福的，便连沫若，他有安娜夫人，也比我幸福些。……哦！我真不愿再讲到女人了啊！实秋啊！我只好痛哭！……实秋！情的生活已经完了，不用提了，以后我只想在智的方面求补足。我说我以后在艺术中消磨我的生活，……现在的一多已经烛灭笔枯不堪设

---

① 林徽因等.百年情书.武汉：长江文艺出版社，2012：146.

想了。"① 哪个是真？哪个是假？又或诗人心底的热情必须有一个出口，高孝贞在某种意义上成了这热情的投射对象？人啊，有时真是复杂而矛盾。

当然，处于新旧交替时期的男女，都有各自的苦衷。闻一多一开始抵制的也许并非是那个人，而是要他被迫娶那人的礼教。相濡以沫以至日久生情，先结婚后恋爱，也是当时常有的事。但是，1930年，闻大诗人在"青岛国立大学"时期写了那首《奇迹》，"我等，我不抱怨，只静候着一个奇迹的来临""我听见阊阖的户枢砉然一响，传来一片衣裙的窸窣，那便是奇迹——半启的金扉中，一个戴着圆光的你！"这《奇迹》被梁实秋称之为一多"感情上吹起了一点涟漪"。情向谁书？至今还是扑朔迷离。有人说是方令孺，也有人说是赵太侔的夫人、"南国社"话剧明星俞珊，那个被称为"莎乐美"的迷人美妞。

不管是谁，只是一点涟漪，闻一多很快将妻子接回了青岛。

情里情外

鲁迅与许广平的师生恋自是一段佳话，据说是女学生

---

① 转引自 唐山.方令孺——闻一多曾爱过的女诗人.北京晚报，2016-12-23.

主动追求的男老师。手边这本书选取的是他们的恋情开始后的来往书信。所以，看不出谁主动。倒是彼此的称呼让我莞尔。"乖姑、小刺猬：此刻是十二点，却很静，和上海大不相同。我不知乖姑睡了没有？我觉得她一定还未睡着，以为我正在大谈三年来的经历了。我现在只望乖姑要乖，保养自己，我也当心平气和，度过预定的时光，不使小刺猬忧虑。"① "小白象：我记得你那句总陪着我的话，我虽一个人也不害怕了，两天天快亮就醒了，这是你要睡的时候，我也总照常地醒来，宛如你在旁预备着要睡，又明知你是离开。"② 瞧瞧这可爱的称呼，小白象是那个头发直立、不苟言笑的鲁迅先生呢。不过，爱情之外的家庭生活，许广平过得堪称辛苦。安排一大家子人的吃穿用度，帮鲁迅先生整理校对文稿，照顾生病的鲁迅先生，带儿子海婴，每天忙碌得不可开交。因为有爱，这一切她甘之如饴。

当然，情话是怎么说都不过分的，更何况比起郁达夫写给王映霞的"因为我很热烈的爱你，所以我可以丢生命、丢家庭、丢名誉，以及一切社会上的地位和金钱"，③ 鲁迅和许广平之间算是心平气和的。兴许是人到中年的缘故，看到郁达夫的这段话，我只觉得不寒而栗。当然，更是因为作为旁观者，知道他们结婚十二年后，恶脸相向，在《大风旬刊》上毫

---

① 林徽因等.百年情书.武汉：长江文艺出版社，2012：27.
② 林徽因等.百年情书.武汉：长江文艺出版社，2012：28-29.
③ 林徽因等.百年情书.武汉：长江文艺出版社，2012：59.

无顾忌地互揭隐私，这些情话越发显得刺目，倒真不如老舍先生对发妻胡絜青一番朴实的表白。

"你要是嫁给我，就得牺牲这衣裳，起码你得能跟我过穷日子，天天吃窝头。你要想像个阔太太似地天天坐汽车，我给你做跟包，那都不可能……我不能像外国人似的，在外面把老婆捧得老高，回家就一顿打……我不会欺负你，更不会打你，可我也不会像有些外国男人那样，给你提着小伞，让你挺神气地在前头走，我在后头伺候你。"① 这番说辞没有情书常有的高烧胡话，但句句扎实，前景摆明了，你自己选。然而，1948年，另一个叫赵清阁的女子接到老舍从美国写来的信，"我在马尼拉买好房子，为了重逢，我们到那儿定居吧"②，赵清阁不愿拆散老舍的家，只是自己一直未婚。老舍写给她的情书，据说有七八十封。临终前，赵清阁将它们统统付之一炬。

命运多舛的痴女

看到白薇写给杨骚的情书，我又一次想起张爱玲那个"低到尘埃里"的比附。只是，张在爱情面前的卑微表达的

---

① 林徽因等.百年情书.武汉：长江文艺出版社，2012：121.
② 转引自 桑农.花开花落——历史边缘的知识女.桂林：广西师范大学出版社，2010：113.

还比较含蓄。白薇的沾血带泪，真真叫人替她不堪。"爱的维（白薇对杨骚的昵称，杨比她小六岁，所以她总叫他维弟），如果你也真的在爱我，你应该会感觉我今天一天喂你烦恼的心罢？在爱的火开始燃烧的时候，即使怎样苦，也像蜜一样的甜。如能为你疯成真的狂人，我是怎样的幸福，只想为你去死呵！"[1]她虽没有为他而死，却也与他纠缠了大半生。柏拉图式的恋爱，爱而不得，终究背离了人的本能。其后一次一次的追与逃，耗尽了她的精力，也带给她身体上挥之不去的耻辱与难堪。她的小爱人扬言："我是爱你的呵！我最最爱的女子就是你，你记着！但我要去经验过一百女人，才疲惫残败地倒在你怀中，永远不再离开你！"[2]可悲的是，他只带给她痛，无尽的痛。

萧红给萧军的信里有这么一段："你的小伤风既然伤了很多日子也应该管它，吃点阿司匹林吧！一吃就好。现在我庄重地告诉你一件事情，在你看到之后一定要在信上写明！就是第一件你要买个软枕头，看过我的信就去买！硬枕头使脑神经很坏。你若不买，来信也告诉我一声，我这边买两个给你寄去……还有，你不要忘了夜里不要吃东西。"[3]这是女人表达爱的方式吧，絮絮叨叨里透着宠，含着念。

---

[1] 林徽因等.百年情书.武汉：长江文艺出版社，2012：81.
[2] 转引自 伊北.白薇：那一场失败的柏拉图之恋.新快报，2011-01-13.
[3] 林徽因等.百年情书.武汉：长江文艺出版社，2012：158-159.。

谁能想到，这样一个深情的女子，竟被打得鼻青脸肿。梅志（胡风的夫人）1984年写过一篇《"爱"的悲剧——忆萧红》，提到一次"打人"事件："她去日本不久，鲁迅逝世了。这年冬她回来了。萧红心情非常好。在一个刊物邀请的小宴会上，她是那么情绪高昂。可惜这时间太短暂了。后在一间小咖啡室相聚，萧红夫妇也来了。萧红的左眼青紫了一大块，她说：'没什么，自己不好，碰到硬东西上。''是黑夜看不见，没关系……'在一旁的萧军以男子汉大丈夫气派说：'干吗要替我隐瞒，是我打的！'萧红淡淡一笑说：'别听他的，不是他故意打的，他喝醉了酒，我在劝他，他一举手把我一推，就打到眼睛上了。'萧军却说：'不要为我辩护！……'"[①]

　　写到这里，突然想起有谁说过一句话，这年头，谁要说爱我到永远，我会落荒而逃。看来，情还是写在书里好，落到实处，总有太多的马脚露出来。

---

① 转引自 陈明远. 洗尽铅华始见真——民国才女的个性与婚恋. 北京：中央编译出版社，2011：93.

《往事》/爱上爱情

毛彦文女士进入我们的视野是因为吴宓先生。20世纪90年代，吴宓的诗与年谱发表，又一次勾起了人们对一些事、一些人的追忆。作为学贯中西、融通古今的大师，被称为"中国比较文学之父"的吴宓，当年把对毛彦文六年的苦恋无遮无拦地写成诗句"吴宓苦爱毛彦文，三洲人士共惊闻"，且公开发表在报纸上，虽最终并未赢得佳人心，却影响了时人对毛彦文的认识。有趣的是，又是因了吴宓的再次被发掘，毛彦文才逐渐浮现出来，引起了当代人对这个民国知识女性的关注。有关她的经历，主要体现在《吴宓诗集》《吴宓自编年谱》《吴宓日记》。

好在毛彦文90岁时终于开口了，尽管她在自传《往事》序中不无谦逊地说："这似乎是一本流水账，谈不上格局，也没有文采的，故本书将仅赠少数亲友作为纪念。"[1] 但对于后人而言，这本自传确是珍贵的史料了。事实上，抛开吴宓的因素，毛彦文跌宕

---

[1] 毛彦文. 往事. 罗久芳，罗久蓉，校订. 北京：商务印书馆，2012：2.

的一生足以见证中国近代女性摆脱传统礼教束缚,通过接受现代教育,成为职业女性并追求独立自主人格、进而回馈社会的艰难历程。作为一本女性自传,《往事》以大量的篇幅写到亲情、爱情与友情,但关于她与吴宓之间的感情纠葛,仅仅是淡淡一笔,勾勒出吴宓一厢情愿的单恋,不动声色地回应了世人的猎奇之心。透过《往事》,倒是能看出另一个男子令她始终无法释怀——表哥朱君毅。

这恰恰是我关注她的原因。一个似乎什么都看得很清楚、很理智的知识女性,追求婚姻自主的先锋,在反对父亲的包办婚姻后,投奔了初恋的表哥朱君毅。只是,自由恋爱并没有给她幸福,倒是成为她一生无法挣脱的梦魇。即便是经过了几十年的岁月沉淀,依然不改初衷。时间能改变一切,在毛彦文身上失效了。看看她得知朱君毅去世时是怎样的反应吧:"当时我听了这个消息,震惊得说不出话来,突然被一种莫名的哀思所袭击,如不强自压抑,眼泪会夺眶而出!继之万种伤感,涌上心头,他竟先我而去,此生永无见面之日了……为了这个噩耗,使我心乱如麻,旧情复炽,夜间失眠,所有沉淀在脑中往事都一一浮现,那么清晰,那么真实。"[1] 这篇悼文在《往事》中从37页写到52页。中间多处描述都让我无比震撼!一个女子用情到这种地步,竟是悲剧!

---

[1] 毛彦文.往事.罗久芳,罗久蓉,校订.北京:商务印书馆,2012:36.

因为她从此被囚禁住了,不是人,而是心。"你给我的教训太惨痛了,从此我失去对男人的信心,更否决了爱情的存在,和你分手后近十年间,虽不乏有人追求,我竟一概拒绝。理由是:以你我从小相爱,又在同一个环境中长大,你尚见异思迁,中途变心,偶然认识的人,何能可靠。如与年相若者结合,他不会和你一样嫌我年事大了吗?你长我四岁,尚振振有词,要娶十七八岁的少女为配偶。其实我自情窦初开,以迄于彼此决裂时,二十余年来,全部精神与爱都为你一人所占有,换言之,我二十余年来只认识一个男人,我的青春是在你占有期间消逝的!有了这个残酷经验,我对于婚事具有极大戒心,以致久延不决。"[1]

反复看了《悼君毅》,我更想说的是,毛彦文到了后来,应该说是"爱上爱情"了,她念念不忘的是他带给她的感觉,而不是他本人!这篇悼文中,朱君毅的真实面目其实挺模糊的,生活也只是背景,更多的是毛彦文自我感觉的投射。"我自幼至青年,二十余年来只爱你一人,不,只认识一个男人,这个人是我的上帝,我的生命,我的一切,现在你竟如此无情,所有对你的美丽的幻想,完全毁灭。"[2] "我从小就养成一种习惯,无论欢乐与愁闷,只要给你写封信,把一切详情告诉你后,便心中平安,精神宁静,就是事无大小,好像感情

---

[1] 毛彦文.往事.罗久芳,罗久蓉,校订.北京:商务印书馆,2012:51.
[2] 毛彦文.往事.罗久芳,罗久蓉,校订.北京:商务印书馆,2012:48.

上的负担都交给你了……你我破裂后，我最深切的痛苦，便是没有一个地方可以倾诉心情，我的心虚悬空中，我的脚踏不着地，这种精神痛苦，是无法形容的。"[1] 书中没有太多言及她幼时跟父亲及其他兄长们的关系，从心理学的角度讲，朱君毅更多的是替代了父兄在她心中的位置，是一个符号、一个精神依靠。乃至于她后来被朱君毅抛弃后，竟从此对所有男性失去信心。

他是她的初恋，她的人生导师，是她摆脱家庭束缚，勇于追求婚姻自由的原动力。然而，当一个人变成另一个人的宗教时，这份爱情已经变质了。她以为爱他就可以毫无保留地把所有的情绪都托付于他，情感上的过分依赖往往是女性成为悲剧主角的根源。骨子里其实还是有依附的念头在作祟：我们相爱，我是你的，你要负责我的心情。再说的刻薄一点，她爱的其实是一个想象中的人，是她自己建构起来的幻象罢了。爱上爱情，或者说情感上的洁癖，我以为或许是女性极度自恋的一种表现。这害的她一生不得解脱。也许我太苛刻了，但更是心痛，她如果早点放下他，其实也是给自己一条生路啊，生命中也许还会有更美丽的相遇。过于执着和纯粹，有时真是太要命！

换位思考一下，那个被她如此依恋的男人，听到"你是

---

[1] 毛彦文.往事.罗久芳，罗久蓉，校订.北京：商务印书馆，2012：43.

我的上帝、生命、一切"时，除了骄傲之外，是否也会沉重得喘不过气呢？尽管，这种依恋更多是感情上的，毛彦文经济上完全可以独立。据毛彦文说，朱君毅要跟她解除婚约的理由有三：一、彼此没有真正的爱情；二、近亲不能结婚；三、两人性情不合。在另一个场合，他又说："我对择偶的观念变了，我现在要的是十七八岁的中学生。"[1] 除了这几点，没有更具体的解释了。不知他所说的"没有真正的爱情"究竟是借口呢？还是对爱情有自己的理解？在这方面，朱君毅没有留下确凿的文字替自己辩解。根据吴宓的记述，朱君毅说毛彦文并无任何缺点或过失，退婚的理由之一是"毅今所喜爱、所求娶之女子，只要她身体肥壮，尤其臀部大而圆。其外之事，如家世、财产、教育、才能，以及品貌，均所不计。而对一般有学识，有文化，在大学毕业或肄业之女生，尤绝对不取。"[2] 一个留过洋的知识分子，难道对配偶的选择还是传宗接代为第一要义？尤其提到受过高等教育的女子绝对不要！如果吴某人所言不虚，只有两个解释：要么，多年的相处，他确实厌倦了，害怕了，对这个视他为"上帝、生命"的女子；要么，他的审美品位本身就是那样，毛彦文有眼无珠，真的是"爱上爱情"了，她一生都在跟自己的感觉谈恋爱。

事实上，当年毛彦文逃婚时，他远远躲在北京，只发动

---

[1] 毛彦文.往事.罗久芳，罗久蓉，校订.北京：商务印书馆，2012：47.
[2] 转引自 唐小兵.毛彦文的情感世界.东方早报，2012-07-18.

自己的堂兄堂弟及朋友等暗中破坏她与方家的婚事；她则备受周遭人的指责，万分难堪。毛彦文指责他的自私，但还是经不起他的辩白和安慰，只要他的两三行字，她就一切谅解了。待到东南大学的陶行知出面调解他们的纠纷时，朱君毅竟为了"下年的聘书尚未发出，有所顾忌"而虚与委蛇。① 我愿意相信他有他的理由，或许不爱了就不勉强，也是一种率直。但看到毛彦文说："你在我幼稚心灵中播下初恋种子，生根滋长，永不萎枯。你我虽形体上决绝将近四十年，但你有时仍在我梦中出现，梦中的你我依然那样年轻，那样深爱，你仍为我梦里的心上人。"② 我不能不疑惑，毛彦文不舍的究竟是什么呢？

反观她对吴宓的认识，真正是洞若观火，理智之极。当吴宓执意要与妻子离婚时，毛彦文如是说："吴脑中似乎有一幻想的女子，这个女子要像他一样中英文俱佳；又要有很深的文学造诣；能与他唱和诗词，还要善于辞令；能在他的朋友、同事间周旋；能在他们当中谈古说今。这些都不是陈女士（吴宓的妻子）所专长，所以他们的婚姻终于破裂。这是双方的不幸，可是吴应负全责。"③ 言外之意，她认为吴宓是"爱上爱情"了。而她对于自己与吴宓，也有很清楚的认知："海伦（毛自指）平凡而有个性，对于中英文学一无根

---

① 毛彦文.往事.罗久芳，罗久蓉，校订.北京：商务印书馆，2012：47.
② 毛彦文.往事.罗久芳，罗久蓉，校订.北京：商务印书馆，2012：51-52.
③ 毛彦文.往事.罗久芳，罗久蓉，校订.北京：商务印书馆，2012：54.

基,且尝过失恋苦果,对于男人失去信心,纵令吴与海伦勉强结合,也许不会幸福,说不定会再闹仳离。海伦决不能和陈女士那样对吴百般顺从。"①

毛彦文之所以如此理性地分析吴宓,只有一个原因,她不爱他。她自陈"有个性""不会百般顺从",然而,对朱君毅呢?"他的两三行字,她就一切谅解了"。不得不说,在爱情这件事上,永远都是旁观者清,当局者迷。

当然,《往事》的意义远不止"剪不断,理还乱"的情愫。它对民国时期的文人圈子、当时社会变迁对个人生活的影响,都用女性特有的视角去呈现,文笔典雅而不失活泼,情感丰沛又直抒胸臆。不造作,不掩饰。

---

① 毛彦文.往事.罗久芳,罗久蓉,校订.北京:商务印书馆,2012:55.

《把时间浪费在美好的事物上》 做勇敢的女子

手边新近买了两本书,一本是宁远的《把时间浪费在美好的事物上》,一本是毕淑敏的《恰到好处的幸福》。严格来说都属于软文类的,用一个同事更直白的说法就是所谓的"心灵鸡汤"。我也承认,如果单从获取知识、增长智慧的角度来衡量,它们的确算不上什么了不得的书。但我喜欢在床头一直放置这样的文字,睡前翻两篇,哪怕只有那么一两个片段,甚至只是一句话,触动了我,就能带着些许意外的满足与共鸣,安安稳稳睡下。应该说,我把这算做是日复一日平淡光景中的额外犒赏。

因为都是随笔,独立成篇的。所以,无须刻意挨着读,我一般都是顺手抄起一本,随便翻到没看过的一页,竟意外发现了一些有趣的东西。这份惊喜,也是我想要的。这两本书的作者都是女性,更重要的是,都是听从内心,在经过各种尝试后选择了自己真正想要的生活的人。单就这点,她们足以令我万分欣赏并由衷羡慕。因为,我们大多数人,尤其是女性,常常是一边做着明明不喜欢的事,一边长年累月地抱怨着,却不做任何改变。当然，选择改变总会付出代价，这代价又往往无从预知，唯其如此，勇敢者总是稀缺，也更令人神往。

毕淑敏是很早就知道的，这个在西藏待过的非科班出身的医生，后来改行做心理咨询，而后拿过手术刀的手改握笔了。如今我看的这一本，是她文集中的一部分。不得不说，当你知道了自己要去哪里，并为之坚定地努力，世界就会一点一点变成你想要的那个样子了。我还记得大学时读过她写的《红处方》，做过医生的人写小说，同样的事情不一样的视角与笔触，读者的阅读体验的确不同。

但我更想说的是宁远，之前从没听说过，是在微信中先看到她的一篇推广文章，然后买了书。这也是个不俗的女子，做过电视台记者、编导、主播、获过"金话筒"奖，后当过教师，现在经营一个服装品牌，写字纯属爱好。从华服美妆到洗尽铅华，由喧闹的聚光灯下到静静守着自己的世界，如果不是认定了想要的，无论如何也做不到这样的云淡风轻。

当然，如今都是回首来时路，恐怕当初决定改变的时候，那些在坚持的路上披荆斩棘的诸多辛苦，乃至于受挫时的万般煎熬，作为旁观者是决然不可能感同身受，更少有人能够坚持到底。在这一点上，她们都没有言说，或许，只要是喜欢的，就不会觉得辛苦；在这一点上，她们也无须言说，因为，只要是能体会到的，都是懂得的人。

抛开这些，单就文字本身的感觉，她俩是不同的。毕淑敏更质朴，也更理性些。比如她写《自拔》，解释了"压力"作为物理概念的意义。写《面对不确定性的忍耐》，是从光子、电子等不确定性原理开始说起的。老实说，这些东西在我的认识背景里属于被边缘化的。不过也好，相似的主题不同的表达，颇为新颖，还间或普及了一些科学常识。

相比之下，宁远的文风更带有我熟悉的气场与味道。这也是我只看了一篇文字就决定买她这本书的原因。比如这段："生活就是要贴着自己的性情走，你是什么人就拿什么腔调，别跟别人去凑热闹。凑热闹，热闹终归不是你的。不眼红别人，不抱怨自己，走一条自己的路，越是安静，越是能听到自己与外界召唤灵魂的声音。"[1] 人到中年，越发能体会这话的妥帖，因为没有了年轻时奋不顾身的执拗，才能静下心来向内看，明白自己是谁，真正想要什么，剩下的就是踏踏实实去做。

再比如，她说："我理想的生活的样子是这样的：世间万物，花是花，草是草，你是你，我是我。只有拥有了这样的自由，才是美。自由不是你想成为什么就能成为什么，而是，你不想成为什么的时候，你就可以不成为什么。"[2] 这样

---

[1] 宁远.把时间浪费在美好的事物上.北京：北京时代华文书局，2015：10.
[2] 宁远.把时间浪费在美好的事物上.北京：北京时代华文书局，2015：9-10.

的文风好像有些飘,不接地气,但我就是喜欢这样的自说自话。原本日常的生活已经烟火气十足了,偶尔读一读这样的软文,似乎就有了追求诗与远方的勇气。其实,她写下这段话的前一段,讲到了陪女儿在幼儿园做亲子游戏,照例有作为奖励获胜者的礼品,大部分孩子都在争先恐后加油,家长也在不断喊着"加油、加油"。可是,她的女儿却只愿意安静地坐在操场边上看热闹,她也就坐着,陪女儿一起看。说到底,不过是想做个认真过日子的人,对自己足够诚实。

那么,我理想的生活是什么样子呢?读喜欢的书、写想说的话、上有价值的课、研究感兴趣的问题;剩下的时间,扎起围裙给家人做几道小菜,看他们吃到盘干碗净,还能听女儿略带夸张地描述同学和老师的逸闻趣事;与三五好友促膝畅谈或大快朵颐,不必顾忌说出的话会不会伤到彼此,也不担心偶尔的失态会不会有损形象;间或有一些说走就走、离家不要太远、时间也不能太久的旅行;如果可以的话,有一处完全属于自己的安全空间,能够随时放空自己,然后满血复活。还是宁远说的:美好的人生,不外乎顺从己意去生活。

《在转角处告别》／恰如其分的相遇

午睡前，随手翻了放在枕边的《在转角处告别》，说到法国电影《情人》的告别场景。我没看这个电影，因为不喜欢梁家辉那型的。但是，杜拉斯的书是读了的。书里的告别有足够的铺垫，它是一个逐渐到达的过程，让你为那个最终展现的结局一点一点地伤感。如果有泪，应该是润湿眼角的那种。电影里的告别，把文字转换成了图像，视觉冲击直接而陡峭，眼泪也许就会顺颊而下了。当然，我没有看，是依据自己惯常的表现来判断。

然而，我回想了一下，当时读小说《情人》时，除了从头至尾似乎都被黏湿、略腥的海风气味所裹挟，以及若干片段让我感觉颇有些沉重和不耐之外，竟没有留下太深刻的印象。至于告别，似乎也没什么感觉。或许，对于场景和心理不惜笔墨的描述正是杜拉斯的特点，尤其是那些大段大段类似于梦呓的独白，我有时会被这样的风格所吸引。可是，这本书没有带给我预期的阅读体验。只能说，我和它的相遇不是恰如其分的那种。南京，八月初的夏夜，带着白天上完课的疲惫与松懈，我需要的是轻松、愉悦的阅读，这本书在那一刻显然不合时宜。

一般来说，读书能够带给我两种体验。一种是启迪智慧、提升智性的书，有人把这类书叫作硬书，具体是谁说的已经忘了，感觉"硬"这个字用的传神、贴切，所以把这个说法记住了。这样的书无论何时、何地、何种场景去读，于我而言获得的感受差不多都是一样的。还有一种，就很挑剔了，它和我的相遇必须恰如其分。也就是说，心境、年龄阶段乃至那时的天气都要和书能达成某种契合。若要表达这种体验，用卡洛斯·鲁依斯·萨丰的话最合适："你看到的每一本书，都是有灵魂的。这个灵魂，不但是作者的灵魂，也是曾经读过这本书，与它一起生活、一起做梦的人留下来的灵魂。一本书，每经过一次换手接受新的目光凝视它的每一页，它的灵魂就成长一次，茁壮一次……一本书就像一面镜子，我们必须有足够的内省力，才能在书中关照自我。"

我珍惜前一种阅读，但从情感上，更喜欢后一种。当然，这样的书不必是人人都需要读的好书，它的特质是个人化的。不同的人读它，获得的体验也许是不同的。可以在阳光暖暖的日子里读它，而阴雨霏霏的日子里碰到它，你可能就没感觉了。有时它会让你猝不及防，似乎心里某一处刻意筑起的东西，刹那间脆弱到土崩瓦解，溃不成军，接踵而至的竟是无法言喻的轻快。

就像这段话:"35岁也是一个坎了,就你的一生来说,最美的时光过去了,但最好的生活似乎还没有到来。凄惶吗?其实不。这个时候,神赐女人进取的力量!这个时候,是作为一个人而不仅仅是一个女人完成自己的最好阶段。这个时候的女人,可以把以前更多投向外面的眼光收回,仔细培育自己的内心,让自己跟自己想成为的那种人更靠近点……然后,一生中最好、最丰富、最清醒,同时也是最有力的生活就徐徐降临了。"[1] 我看到它的时候,不早不晚,刚好三十五岁。

这样的书和书里的人在我的世界里一直都是有的。从这个意义上说,我觉得自己是幸运的,当然,最好是在恰如其分的时候。因为这样的可遇而不可求,读书于我而言,就如呼吸一样,无须刻意为之,却如此不可或缺。

---

[1] 洁尘.在转角处告别.广州:南方日报出版社,2010:153-154.

《刺猬的优雅》 如何走出孤独

《刺猬的优雅》是法国女作家妙莉叶·芭贝里的小说，她曾在诺曼底讲授哲学。该书一经出版即获得"法国书商奖"，英国版、美国版也同步上市，曾连续数月在亚马逊网站销售排行榜上名列前茅。有哲学功底的人，写小说也不一样吗？在西方哲学史上，这种现象屡见不鲜，看来文、史、哲不分家自有道理。最初吸引我的是它的名字，刺猬怎样优雅呢？一定要比附的话，优雅也该属于天鹅吧。

我看的是被莫娜·阿夏芝改编的同名电影。电影自然不同于小说，要理解作为哲学教授的妙莉叶·芭贝里想要传达的生死、自由、孤独、永恒等意念恐怕还是要通过阅读文本，不过电影拍得相当不错，主题和线索明了、简洁。不得不说，导演莫娜·阿夏芝的确有过人的胆识。她拍这部电影时只有二十五岁，当时很多资深导演都看好这部小说，但迟迟不敢下手，因为小说的文学意味太浓，大量意象化的描述很难转换成镜头下的具象化表达。

原著中借用了女孩写日记的方式观察、

思考和阐述，莫娜在影片中把日记转化成了可视的涂鸦和拍摄。莫娜这样解释自己的思路："我必须选取一些可视化的元素，使其变得可见。我很喜欢小说中非常诗意、哲学的氛围。但是因为是做电影，我必须做一个从文字到图像与声音的转换，删除一些东西，增添一些东西，我的出发点是保持它原来诗意、哲学的感觉。"[1] 她做到了。影片中还有一些明里暗里的扣，比如玻璃缸里的金鱼、经常会坏的电梯、自制卡片等，都增加了可观赏性。

故事发生在巴黎左岸的一栋高级公寓里，主角们是一个爱思考的天才女孩芭洛玛、一个爱看书的女门房荷妮和一个日本男人小津格朗。

影片从芭洛玛的一段独白开始，这个孩子并非出身贫寒，而是生长在衣食无忧的中产阶级家庭。她决定在本学期结束，她13岁生日前死去。因为生命在她看来就如金鱼，看似自由游弋，却始终被束缚在透明的鱼缸里。为了不困在这鱼缸里，她决定自杀。关于金鱼，在电影里设了一个结，一直贯穿到最后。影片基本上是以芭洛玛手中的DV摄影为线索引出人物及各种场景，并以她在拍摄过程中的自语和思考作为旁白。

另一个主角是五十多岁不修边幅的矮胖门房太太荷妮，

---

[1] 李东然.电影创作只是顺从属于我的自然.中国文化报.2010-09-21.

她在人前的表现是态度粗鲁，成天看电视，煮一些气味浓烈的食物，身边有一个肥猫呼呼大睡，即被固化了的标准"看门人"形象。但是人后的她却独自坐在小房间里，一杯茶，一包黑巧克力，一只懒猫，满屋的书。这应该是暗喻"优雅的刺猬"，她在人前像只刺猬，把尖利的刺露在外，是为了自卫；而独自一人时，却是一个懂得欣赏小津安二郎电影的每一个细节，思考胡塞尔与康德，并能随口说出马克思著作，内心充满细腻情感的人。当然，作者借芭洛玛的口，直接点出了"优雅的刺猬"的含义，她（指荷妮）像一只刺猬，"浑身是刺，一座如假包换的堡垒，故意装得很懒散，其实内心跟刺猬一般细致，性喜孤独，优雅得无以复加。"

显然，贯穿在这一老一小生活中的核心词是孤独，作者想表达的是：孤独是人生存的一种常态，但人同时存在于一个由自我与他者共同建构的世界。恰恰是在这个貌似热闹的世界中，个人却分明感到与他者的疏离与孤独，就像玻璃缸里的金鱼。但如果到此为止，这个故事不可能引起众多关注。作者的高明之处在于并没有把这两个孤独的人描绘成无力反抗的悲情角色，她们自愿选择披上一层保护色，用艺术、文学、哲学、美学、音乐等作为批判和反抗虚伪世界的武器。

耐人寻味的是，这两个孤独的人要如何破解这个死结呢？作者安排了一个日本人——小津格朗先生——来帮助她们摆脱困境。透过荷妮无意间的一句"幸福人家彼此都很类似，可是不幸人家的苦难却各不相同"，以及她的猫名叫列夫，小津敏感地察觉到她不是一个简单的门房，因为那句他也很熟悉的话出自列夫·托尔斯泰的《安娜·卡列尼娜》，他自己养了两只猫，分别叫作列文和凯蒂。他的出现似一根纽带，让同样生活在这里，彼此不太熟悉，有着同样孤独的人发现了对方。

荷妮和格朗先生的第一次约会是在他日本式的家中，道具有日式料理，饺子和面条，其中有两样来自中国的食物。事实上，电影里的中国元素还有围棋和茶。我想，这也许是作者对西方工业社会带来的人的异化问题所做的思考。出路在哪里？在东方。透过日本人小津所传达的东方文明的理念，作者让她们最后都打破了内心的坚冰，变得柔软而有希望。

只是，结局却并不完美！当格朗先生对荷妮说："我们可以做朋友，甚至是所有我们想做的"，她很犹豫，因为自卑，因为彼此身份地位的巨大差异。然而，就在荷妮决定勇敢走出孤独时，意外夺去了她的生命。或许这才是生活的真正状态。

再说说金鱼那个结。它是芭洛玛家狭小鱼缸里唯一的金鱼，因为不想它在鱼缸里过一生，芭洛玛拿出准备自杀的药丸，把金鱼当试验品，并把它放在马桶里冲走了。谁知金鱼没有死，顺着下水道游到了荷妮家的马桶里，被荷妮捞起来，养在玻璃瓶中。它在芭洛玛的手中"死去",却奇迹般在荷妮那里"重生"。这又是一个隐喻,也是一个具有东方意味的概念,代表生死轮回。

然而,如何破解孤独?那就是爱!这个主题在影片最后,借芭洛玛的一段话点出来了。"重要的不是死,而是我们死的那一刻在做些什么。荷妮,您死前那刻在做什么呢?您准备好要爱。"

有些读者很奇怪这本书为何如此畅销,也许只有认真读了原著才可以说三道四。

《在云端》／我理解他，因为他与我无关

这几天忙里偷闲，连着看了两部电影。一个是刚热播的《金陵十三钗》，在电影院看的。一个是今天看的《在云端》（*Up in the Air*），算老片子了吧，2009年获得了奥斯卡奖，在网上看的。先说说《金陵十三钗》，原著草草翻了下，据说张艺谋做了很大改动。坦率地说，虽然电影院的效果很好，我确实感受到战争对小人物的残酷、恐惧，也为若干情节掉了泪。但是，当走出电影院，置身于蓝天下的时候，那一切都消失了。兴许是太不懂张艺谋，也或许是对残酷的事情有一种本能的回避。

《在云端》是朋友推荐看的，真是遗憾，我自己主动看的电影太少。还好，间或被引着看了一些，所以总是会滞后。等到号称钻石王老五的乔治·克鲁尼出现在屏幕上的时候，我第一时间被他迷住了。这个大红大紫了N多年的老帅哥居然一直不在我的视线里，真应该找个地缝钻进去啊。这种看上去带着三分邪气，对什么都满不在乎的男人对我极具杀伤力。更要命的是，他也许真的就是一个彻头彻尾的浪子，我还一厢情愿地

认为，越是这样的人，内心可能越是温柔、细腻。尽管没有任何依据，无可救药吧？

影片一开始，没有任何出乎意外的地方。从瑞恩（克鲁尼饰）表白人生就是要卸下背包里的重负，轻装上阵，到与亚历克斯在旅途中的相遇，迅速床戏，几乎可以说是俗套了。唯一有趣的是：他俩完事后，头对头打开电脑，认真核对彼此的行程，看看下一次碰面的地点在哪里。瑞恩还穿着短裤，我不禁莞尔。甚者到后来，那个新来的实习生问他：你怎么处理与亚历克斯的关系时，他说："随性所至。"当那个年轻的、对爱情还有满脑袋幻想的小女孩大喊大叫，表示对他的愤怒时，我都没觉得他这么做有什么值得指责的。原因很简单，他的人生观就是这样，他认为责任就是负担。所以，他什么都不要，包括婚姻、孩子。而且，从一开始他就没打算隐瞒，这就是两个成年人的游戏，愿意玩就玩，彼此都轻松愉快。不愿意就算了，他在心理上一直是占优势的。当然，对方乐意配合，也乐在其中。所以，他理直气壮地说NO，没有任何障碍。我想，我之所以能理解他，只是因为他与我无关吧。

接下来，故事就好玩了。在又一次鼓吹他的人生观的演讲中，他刚开口说："人生就像这个沉重的包。"居然说不下去了，旋即冲出会场，奔向机场，我明白他是去找亚历克斯。然而，戏剧性的转折就在他到达亚历克斯家门口时出现了：亚历克斯看到他，不是惊喜万分扑进他怀里，而是目瞪口呆。她背后，有蹒跚学步的孩子，一个男人问："亲爱的，是谁啊？"亚历克斯一边说："奥，没什么，一个迷路的人。"一边决然关上了门。我看到慢慢退进黑暗中的瑞恩，尤其注意了他脸上的表情，茫然中带着失落甚至是沮丧。不得不说，克鲁尼得奖当之无愧，他的表演真是绝了。那一刻，我的心情非常复杂。有些刻毒地想："哼，你不是一直很潇洒吗？也有失控的时候啊？而且还被给了当头一棒。"随即又觉得他也挺值得同情，毕竟浪子觉悟了，想要承担责任了。没想到，结果居然是如此，他一定备受打击。

然而，最让我意外的是：第二天，沉浸在失落中的瑞恩在无功而返的路上，接到了亚历克斯的电话。不是安慰，而是指责："你差点毁了我的生活。我以为我们是一样的。你想要什么？以后打电话联系吧。"天，我简直要冲进电影里拥抱亚历克斯了。因为，她的这番话在现实生活包括绝大多数影片中几乎都是由男人来说的！这一次，角色彻底颠倒了。看着瑞恩无语地挂上电话，我又一次心情复杂。其实，与我何干呢？只是电影而已。

另外一个给我留下印象的地方就是，那个实习生因为被男友抛弃，情绪失控的时候，瑞恩和亚历克斯耐心地安慰她。她由衷地对亚历克斯说："希望十年以后，我能像你一样漂亮。"我理解，她在这里所说的漂亮，恐怕不单是指脸蛋或身材，应该是我们俗称的成熟女人味。真是感慨啊，你能想象这样的事发生在中国吗？一个青春逼人的少女对着人到中年的女人说出这等羡慕的话！中国人的审美观常常只有"年轻"二字。所以，过了三十岁的女人，迅速衰老了。因为，无论别人还是自己，给她的信息都是：你已经老了。于是，她便没有自信，真的开始老了。不记得在哪本书里看到过，说：这个被西方男人宠着的东方老女人，是无法再回到中国了。因为，用中国的审美观看，她老了，没有任何魅力了。从这个角度讲，身为中国女人，真是有些悲哀啊。现实就是如此，谁又能活在真空里呢？也许，唯一的解脱，就是真的看破，不在乎了。

再多说几句，*Up in the Air*的主题并非探讨两性关系，导演贾森·雷特曼偶然从书店里发现美国作家沃尔特·肯的同名小说是在2002年，它此前一直静静缩在书店的角落里，等着被人遗忘，而直到2007年，贾森·雷特曼才重新拾起了《在云端》的剧本。2009年改编上映后，本片迅速大热，获金球奖最佳电影、最佳导演、最佳剧情片、最佳男主角、最佳女配角及最佳剧本六项提名。应该说，2008年前后的世界经济形势给了导演新的灵感，也为剧情添加了格外鲜活的素材，而影片中所揭示的人生际遇，让那些正因为金融危机而陷入失业恐慌大潮中的人们心有戚戚。这么看来，我所关注的，恐怕只是这部影片的噱头。那又怎样？我看得很愉悦，这就够了。

夜深了，周围很安静，我的手指还在敲打键盘，声音显得格外清晰。

《超越边界》可以牵挂不是更好吗

《超越边界》(*Beyond Borders*)是一部爱情战争片,女主角莎拉由安吉丽娜·朱莉饰演,我就是被海报上她那决绝的面容吸引了。虽然明知这种影片有着固定的套路,但我还是每每因为某个细节,比如一段音乐、一个欲说还休的眼神、甚至一句简单的对白,而毫不吝啬地潸然泪下。影片看完,眼泪也干了,心平气和地去干自己该干的事。今天这个电影,本该具有相似效应,然而,我却一滴泪没有掉,这恰恰是我想写它的缘由。

出于人道主义的援救难民行为是男女主角的人生之路产生交汇的背景。这由莎拉(女主角)的头一句话诠释了:人生的价值是什么?超越边界去寻觅,或许就能找到真爱。从某种意义上说,莎拉超脱富足安逸的生活,与尼克(男主角)并肩走向人道主义援助,其动力不能不说很大程度上源于和尼克的认识并深受他的影响。他们的第一次相遇是尼克闯进莎拉的婚礼兼慈善晚会上,慷慨激昂地抨击伪善的慈善家们。此后莎拉穿越浩瀚贫穷的非洲沙漠,红色高棉独裁下的柬埔寨以及战火纷飞的车臣雪原，除了本身具有的善良之心，更要彰显的恐怕就是爱情的力量了。然而，不得不说，看到最后她为了救尼克而踩响了地雷，我更多觉得遗憾，而不是被感动。

因为，我不免要根据结局而疑惑，难道莎拉所要寻觅的人生价值和真爱只能通过为爱情献身来展现吗？如果说，电影前半段纪录片式的长镜头，尤其是她救下即将成为秃鹰口中之物的像骷髅一样的非洲儿童的情节，确实令人感动和欣慰于他俩的爱情生成于如此震撼的现实中。那么，我倒宁愿她最后死在和尼克一起援助难民的行动中。这样，无论是为了爱情也罢，还是为了寻觅人生价值也罢，都死得其所了。写到这里，不免觉得自己有些好笑，只是电影而已，有必要如此认真吗？可我确实忍不住遗憾。结局太牵强，还有些虎头蛇尾。

当她去车臣寻找陷于困境的尼克时，他们已经分别几年了。在这期间，尼克一如既往奔波于世界各地需要救助的难民营地。莎拉则成为联合国难民署的一名优秀工作人员，同时还是两个孩子的母亲，其中一个是她和尼克的私生女。莎拉决然地去车臣寻找尼克时，影片特别定格了她温情凝视孩子们的镜头（这也是我觉得牵强的原因之一。两个孩子都那么小，她就这样抛下了？全然不顾此后他俩的命运。如果这样才能显出她对尼克的爱是多么真挚强烈，那我以为这样的爱情未免太吓人，不要也罢）。片中穿插了她舒适的家，还有两个显然是刻意而为之的前后呼应的场景。前一个是在满是污秽、伤痛与死亡的非洲难民营，尼克聆听身穿白衣的莎拉用一架破旧的钢琴弹奏舒曼的《梦幻曲》。影片的结尾，尼克透过落地窗，看着他和莎拉的女儿，同样在弹奏《梦幻曲》，四周一派宁静、温馨。

假如让我编写的话，莎拉的结局要么是我前边假设的那种。要么就好好活着，继续为难民争取面包和高能奶。尼克间或回到伦敦，即便往事如云烟，他只能在窗外静静看着莎拉和女儿弹奏《梦幻曲》。然而，只要他（她）平安地活在世上，让你可以牵挂，不是更好吗？

《最后一站》 爱、自由与平静

《最后一站》（*The Last Station*）改编自杰伊·帕里尼的同名传记小说，与一般人物传记不同的是，它并没有呈现托尔斯泰作为大文豪的辉煌一生，而是集中着墨于他生命的最后一年，也就是1910年。这一年的11月10日，82岁高龄的托尔斯泰从自己的雅斯纳亚-波良纳庄园秘密离家出走，乘火车到达阿斯塔堡车站。10天后，他在车站的站长室去世。

在看这个电影之前，我最想了解的倒不是托尔斯泰，而是他的妻子索菲娅。因为在我看到的有限资料里提到她时，几乎一边倒地将其表述为自私而虚荣、因财产继承问题常常对托尔斯泰大吼大叫的女人，貌似她就是让托翁最终死在火车站的罪魁祸首。我很奇怪的是，如果她真是这样一个女人，托尔斯泰怎么能跟她生活了48年，还能给世人留下如此丰硕的精神财富呢？

电影采用虚实结合的手法，呈现了两个对照鲜明的爱情故事，写实的部分是托尔斯泰和索菲娅的婚姻生活，虚拟的部分是托尔斯泰的年轻秘书沃伦蒂和家庭教师玛莎之间的互相吸引，体现了托翁对年轻人的影响。

托尔斯泰和索菲娅之间的冲突、和解以及最后的决裂是借助于沃伦蒂的视线推进的。当然，这只是电影的一条线。还有一条线是索菲娅和托尔斯泰的弟子弗拉基米尔·切科夫之间的激烈争斗，这条线解释了托尔斯泰和索菲娅之间关系恶化的根源。

影片重现了19世纪末20世纪初俄国乡村贵族的生活，葱茏的原野、静谧的府邸、精致的餐桌、雅博的书房、浓浓的怀旧气息，是我喜欢的调调。故事情节生动而略显夸张，有些内容甚至是滑稽、诙谐的，强烈的视觉感把各种矛盾渲染得极富戏剧性，力图表现信仰与现实、爱与控制、被塑造的偶像与世俗面相之间的反差与冲突。影片中有一个镜头给我留下了深刻的印象：海伦·米伦（饰演索菲娅）和普卢默（饰演托尔斯泰）从他们的城堡里拉着手走出来，人物和环境浑然一体，简直就是一幅色彩浓郁、典雅唯美的乡野油画啊。事实上，为了拍出这样的效果，导演迈克尔·霍夫曼的确煞费苦心地研究了关于托尔斯泰的绘画作品，以及反映贵族生活的油画，从中摄取灵感，感谢他的敬业精神，让我在欣赏老戏骨们无可挑剔的表演之外，还享受到了额外的视觉愉悦。

索菲娅是托尔斯泰的生活伴侣，但不是他精神上的知己。尤其到了晚年，托尔斯泰生活俭朴，吃住如同农夫，而索菲娅依旧要求饮食精致，衣饰华美。不是她变了，而是托尔斯泰的思想发生了巨变。19世纪80年代以后，托尔斯泰面对俄罗斯贫富悬殊的社会现实，对自己富足到奢侈的生活产生了极大不安，开始尝试平民的生活方式甚至参加各种体力劳动。不仅如此，他还要放弃自己的土地和著作版权。正是这些变化，使他和索菲娅之间的矛盾逐渐升级。

就事论事的话，他们之间的冲突无法简单地从对与错的角度去评判。托尔斯泰要做的无非是遵从内心的召唤，如果放弃财富可以让他的心得到自由和平静，那他的做法就是理所当然。况且，为理想信念而斗争是他一生的追求，从社会和道德层面上讲，托尔斯泰的想法无疑是崇高的，他是否因此在与索菲娅的冲突中具有了某些心理优势呢？不得而知，总之在这件事上似乎没有调和的可能性。临终前他还说，"世上有千百万人正在受苦——你们为什么只想到我呢？"

托尔斯泰和索菲娅共同生活了48年，孕育了13个孩子，索菲娅作为妻子，要管理占地380公顷的波良纳庄园，操心一大家子人的生活琐事，还有丈夫的手稿。他每一部作品都要修改多次，是她进行誊清和保存文稿的工作，她曾把3000页字迹难辨的《战争与和平》手稿整洁地抄写了7遍！托尔斯泰的贵族血统和毕生成就使他们一直过着优渥的物质生活，但外人眼里的文学泰斗，是不是一个称职的丈夫呢？索菲娅在日记里说："他爱我，但只在夜里，从来不在白天。"[①] 她抱怨："不会有人知道他从来不曾想过要让他的妻子休息片刻，或给

---

① [苏]塔·里·苏浩金娜-托尔斯泰娅.列夫·托尔斯泰长女回忆录.晨曦，蔡时济，译.北京：北京出版社，1985：214.

生病的孩子倒一杯水！"① 作为外人，我们无法考证索菲娅的感受是在某一次太累的时候才偶发的牢骚，还是他们婚姻生活的常态。那么，他们之间真的没有爱吗？

影片中的两种场景给我留下了很深的印象：他们每次大吵大闹后彼此对视时的痛楚与无奈；他们和好时眼神中的依恋与平静。他们爱得很深，又恨得投入，不能分开又无法相处。他们不断地摔东西，冲着对方尖叫诅咒，但却没办法独自一人生活下去。尤其是那一场，索菲娅用老套的手段——生病诱骗托尔斯泰回到她身边，俩人在卧室模仿鸡叫的一段，老态龙钟的一对希望回到过去的努力，让我唏嘘之余，竟颇感几分滑稽。或许是不能适应俄罗斯民族表达情感的方式，相对于激扬奔放的直白，我更欣赏含蓄内敛的婉约。

当然，影片最打动我的是它力图呈现出人性最真实的一面，无论是纯洁的、还是卑劣的。比如托尔斯泰公然宣扬禁欲，却也毫不掩饰地在秘书面前津津乐道早年的艳遇。他信奉自由，但他与妻子之间的爱恰恰成为自由的枷锁，以至于82岁高龄出演了离家出走的一幕，而且这正是他多年以来一直想做的。索菲娅无疑有自私、虚荣的一面，正如她在丈夫弥留前的忏悔，但她孜孜以求的只是财产继承权吗？我注意到他们每一次对话，她都会问的一句：你爱我吗？这是女人对爱情的执

---

① [苏]塔·里·苏浩金娜-托尔斯泰娅.列夫·托尔斯泰长女回忆录.晨曦，蔡时济，译.北京：北京出版社，1985：215.

着，本来应该是令对方感动的，但她的表现却让人看到爱情还有面目可憎的时候。

索菲娅在临终之际，对孩子们说："我要告诉你们……我爱他，整整爱了他一辈子，我始终是他一个忠实的妻子。"[①] 然而，对托尔斯泰来说，仅仅有爱和忠实是不够的。他们之间的纠缠用一句流行的话来概括可能比较贴切：懂得比爱更重要。他们的大女儿塔妮娅对母亲说："你无微不至地关心他的物质生活，但是你却忽略了他更珍视的东西。如果你同样关心他的精神生活，他会是多么感动，会百倍地报答你的付出。"当然，这只是如果。在得知丈夫离家出走后，她奔向池塘的一路悲恸、滚下渡口入水的身心疲惫，淋漓尽致地勾勒出一个受伤者的挫败。

这场斗争的结局显然是两败俱伤。我想起那句名言：他人即地狱。尽管我并不了解萨特说这话的确切含义，但就在看完这个电影时，脑海中竟不由自主冒出来。爱是每个人都想拥有的，但相对于自由，爱有时竟成了枷锁。托尔斯泰为了自由和平静，毅然离开了声称爱他的索菲娅。幸福是什么？不是爱，而是内心的平静。当然，如果爱能带来平静，那就不仅是幸福，简直是幸运了。

---

① [苏]塔·里·苏浩金娜-托尔斯泰娅. 列夫·托尔斯泰长女回忆录. 晨曦，蔡时济，译.北京：北京出版社，1985：579.

《革命之路》／出路在哪里

对于凯特·温丝莱特,说不上喜不喜欢。她说自己不是一个古典气质的女孩,从来都不是。而我却钟情于眉眼间捎带古韵的扮相:淡然、通透、温润,像玉,她自然不是。所以,即便1997年她因《泰坦尼克号》(*Titanic*)而风靡全球,我也没有一点感觉。乃至于近来接连看了她主演的另外两部影片,《恋爱假期》(*The Holiday*,2006年)和《革命之路》(*Revolutionary Road*,2008年),我一开始居然没认出女主角是她!十年之后的她倒真的触动了我。

爱情是女人生命中重要的课题之一。*Titanic*着力打造的就是爱情神话。那时的凯特·温丝莱特芳龄22岁,正是一个女人最光彩靓丽的时候。不过当时她还带着青春期女孩特有的婴儿肥,虽鲜嫩,却不动人。那时的我,23岁,读研一。无独有偶,我们的英文课本中刚好有关于泰坦尼克的文章。剧中俩人在船头迎风而立的镜头,让多少恋人争相模仿。杰克在冰冷的水中嘱咐露丝好好活着的场面,更是赚取了亿万人的眼泪。然而,实事求是地说,我这个眼窝很浅的人，居然没有落泪，反而是英文课本中的句子在脑海里浮现出来。也许，历史本身比童话更能打动我。也许，那时的凯特·温丝莱特太年轻，显得过于轻飘。所以，后来3D版的*Titanic*我根本没想着去看。

失恋对大多数女人是犹如天塌地陷，难以逾越的坎。《恋爱假期》中凯特诠释的就是这样一种状态。巧克力般的爱情轻喜剧，情节很老套，看一眼就知道结局的那种。但风格诙谐幽默，经典的英式发音、唯美的场景和画龙点睛的配乐，提升了影片的可看度。十年了，不得不说，时间对任何人都是公平的。凯特·温丝莱特已经完全没有了*Titanic*那会儿鲜嫩欲滴的样子，抬头纹也清晰可见。俨然花朵怒放后，虽还有艳丽，却少了水分。然而，我觉得她美了，因为眼神里有了内容！影片开始的她，被一段"鸡肋"般的情感纠葛所折磨，情绪低落，言语间泫然欲泣。后在度假中结识了一位年长智者，受其影响，终于摆脱困境，重新发现和找回自己。这是一部疗愈型电影，适合抚慰正在受伤的心灵。其中有一段话说得很好："And after all that, however long all that may be, you'll go somewhere new and you'll meet people who make you feel worthwhile again, and little pieces of your soul will finally come back. And all that fuzzy stuff, those years of your life that you wasted, will eventually begin to fade."

《革命之路》呈现的主题是婚姻的真相。当时凯特·温丝莱特33岁了,影片中的她变成一个中产阶级家庭主妇。再浪漫的爱情,再曲折的情感纠葛,最终都要落到婚姻这个现实的情境里。看到豆瓣影评里有这样一句话:"十一年后的杰克和露丝啊……如果杰克那时候没有挂在海里的话……现在他和露丝会不会是这样呢……?"谁知道呢,多半会的!"我跟别人不同,我的梦想是感受这个世界",这是妻子当年爱上丈夫的原因。可是,结了婚的丈夫没有任何不同,他没了梦想,而她还有。很多时候,围城里的人们走着走着,就忘了要向何处去。日复一日,按着惯性吃饭、睡觉、做事。10年、20年后的生活样貌似乎一览无余,没有任何悬念。她不要这样的生活,她要改变,她要去一个新的世界。可是,周围的人视他们的选择为疯狂,丈夫最终也放弃了。她则因私自堕胎而死——革命了还是没有路!我在想,如果她没有死,会怎样?她会离开家离开丈夫吗?那是20世纪50年代的美国,出路究竟在哪里?

当然,婚姻还有经济之外更为复杂的内容,革命或者不革命,都有需要面对的问题。《革命之路》的导演是凯特·温丝莱特的丈夫。两年后,他们离婚了,现实永远比电影更耐人寻味。

《东京铁塔》／因为空气

"为什么男人和女人会……?""我想是因为空气。因为在性格和外表之前,空气就已经存在了吧。"这是《东京铁塔》开片的一段对白。外面下着雨,那个极其年轻的男人坐在窗台上,有些困惑地问他的情人——一个比他大20岁的已婚中年女人。原本我不想加这个身份说明的,毕竟只是电影而已。但不知为什么还是执拗地要做上注解,或许潜意识里认为,抛开伦理禁忌不说,年龄对他们的恋情本身的确是个跨不过去的坎。当然,杜拉斯例外,但那是在西方,对爱情包括审美的认知不同于东方。

说起这个电影,很久以前就有人推荐了,然而阴差阳错看了一部不相干的。有一天偶然看到有人评论女主角的扮演者黑木瞳,在出演这个影片之后写了一部随笔,叫《对丈夫已不再心动》。这么肆无忌惮啊,虽然不少已婚女人可能多多少少都有这个感触,但如此坦率且大张旗鼓地说出来,对于向来以含蓄著称的东方女性来说还是少见的。当然,这需要对自己有十足的自信!据说她丈夫因此开始担心自己是否真的不再有吸引力。能够强大到如此地步，是连女人都能被打动的！我立刻对她产生了好奇，于是，电影中那个开场对白就定格在脑海中了。

　　黑木瞳在片中饰演一个有钱又闲，被丈夫养着宠着的中年贵妇清水。自然，这样有实力的丈夫不可能随时照顾她的情绪，在她需要安慰和情调的时候，他常常是缺席或者视而不见的。于是，她和朋友的儿子、大学生透（冈田准一饰）有了长达三年的地下恋情，从透18岁时开始。情节没有意外，黑木瞳一如既往地演技精湛，而且毫不费力，因为几乎是本色出演。她的外形和气质刚好就在角色所需要的那个点上，不多不少。素净清简的面孔，静谧内敛的举止，所有张力都体现在面部表情的微妙变化上。这是一个外表安详内心狂野的角色，骨子里的那种不安分隐隐传递着神秘的诱惑力，当然，是对被她吸引的人而言。

　　回到影片开始的那段对白。所谓空气，说的玄妙一些就是人和人之间的无形气场。有情人之间的场是彼此呼应的，无缘人之间就只是距离了。我曾经看过一本讲身心灵修的书，讲到气场是有颜色的，不同人之间的气场的厚薄也是不同的，只是我们普通人很难看到。其实，说的俗一些，就是气味吧，就像动物之间靠着气味产生的性吸引。不知道这个电影背后是不是有这样的意图，纯粹是我个人的信马由缰。当然，就我看来，除了性吸引之外，维系他俩的还有因恋情本身的违背常理，不能公开关系而带来的某种隐秘的心理刺激吧，所谓打破禁忌引起的快感。

最后，女人终于摆脱婚姻，抛下优越安定的生活追到法国和男孩拥抱在一起，风掀起了他们的衣服、头发，女人的表情看似平静幸福，或许是因为她终于做出了选择。看到这个只能在故事里出现的场面，我心里还是不可遏制地涌起一个问题：他们最终的结局会怎样呢？然后不禁哑然失笑，笑自己的认真，甚至是较真。答案其实已经给出：女人的丈夫在跟男孩摊牌时说得很清楚，"20年之后，你40，她已经是60岁的老太太了。"唉，别说20年，一年以后的事谁又能说得清楚呢？更何况，影片里还有另一段经典台词：和年纪大一点的女子交往有两个好处，一是懂得温柔，二是经济状况良好。走到这一步，清水只剩下温柔了。可是，没有经济作底子，温柔是什么？用张爱玲的比喻就是，心口上的一颗朱砂痣变成了墙上的一抹蚊子血。

相比较清水和透，影片中的另一对不伦恋主角家庭主妇喜美子和男孩耕二则更接地气，更写实。没有过多的铺垫、隐忍、欲拒还迎，喜美子从最初的犹豫到逐渐放开身心，从一个琐屑平凡的家庭主妇到重新认识自己、发现自己的美；耕二开始成长，并逐渐了解自己；当然，结局是二人最终分开，一场游戏升华为寻找真实自我的通道。尤其是喜美子跳弗拉明戈舞时所呈现的惊心动魄的美，不禁震动了耕二，也让我的血液跟着沸腾起来。代表自由、热情和矛盾的弗拉明戈舞,果然是舞蹈界的异类,对于舞者而言,人生经历比技巧更重要,内心有力量甚至创痛的人反而能表达得淋漓尽致。所以,有人说,弗拉明戈舞者年龄越大,跳得越有味道。

清水也就罢了,对普通人而言,仅具有审美价值。但喜美子则可以给现实生活中的平凡女人们一个提醒,假如你已不再年轻,而心中还有隐痛和不甘,或者多余的热情,那不妨寻一些踏踏实实又安全营养的出口吧,读书、写字、健身、养花种草,哪怕学着做几样小菜呢。毕竟这些是你可控的,而且如果真用心的话,越持久越能给你加分。人到中年,最难堪的莫过于身体和心一起失控。

对了,东京塔在电影里真的很美!还有这段对白:"我现在这儿可以看到东京塔,你那可以看到么?""我这儿也能看到。""可是,我们在不同的地方。"……"可是,最后,你还是到了我所在的地方。"

当然,这样的美,只能在电影里,而且只是因为它在电影里。

《金色池塘》／关于爱,关于死亡

有些老电影我是百看不厌的,比如《飘》《魂断蓝桥》《罗马假日》等。这些经过时间的打磨仍然能够保留下来,并总能打动人的,一定蕴涵着某种类似永恒的东西。尽管从理性上讲,除了时间,似乎没有什么是永恒的。然而,我却是个理想主义者,依然单纯而执着地认为,有些东西应该是可以永恒的。如果现实中看不到,那就让我时不时在电影里满足一下吧。

昨晚做饭的间隙,打开电视,正好在播放《金色池塘》,碧蓝的天、浅绿的草、泛着金色波光的池塘和悠闲的水鸟,瞬间抓住了我的目光。故事的情节很简单,主角不是俊男靓女,而是一对七旬以上的老年夫妻,年老的诺曼脾气古怪、说话尖酸刻薄,与女儿切茜之间多年以来一直有很深的隔阂,在妻子埃塞尔的帮助下最终与女儿冰释前嫌,就像金色池塘所体现的意象、深厚、温暖而宁静。男女主角的饰演者都是老戏骨,包括女配角、老夫妻的女儿切茜(简·方达饰演)。在看影片介绍时,我注意到一个背景说明,这部电影是根据欧内斯特·汤普森的同名戏剧改编而成，简·方达特地为父亲亨利·方达买下了电影的拍摄权，片中那对关系不和的父女正是现实生活中方达父女的缩影。我贸然揣测，这个电影是简·方达为弥合父女关系所做的努力，多美的一服药啊，这份良苦用心应当被成全。

先说说女主角埃塞尔（凯瑟琳·赫本饰演），她身上那种对生命的热爱，她和鸟儿的对话，她摘草莓时的独舞，虽然满脸皱纹却从骨子里散发出的光彩，满足了我对老年女人的最美想象。她是怎么做到的呢？其实说来简单，当你把心真的放在眼前正在做的事情上，并对这件事报以接受、理解甚至是期待的心态时，你眼里、心里的世界就被赋予了审美的意义。所谓一念之间，我们的世界就不同了。其实，世界还是那个世界，区别在于你怎么看。在这一点上，尤其对女人而言，的确是知易行难。怨妇们从来都是带着挑毛病的眼光去看自己的家人、邻里和同事，一张口就是全世界都对不起她，久而久之就挂相了，满脸的戾气让人不忍直视，哪里还能有一丝魅力呢？且不说别人的感受，眼睛只盯着负面的东西，情绪中淤积着太多的垃圾，心里也会发霉吧，疾病也就跟着找过来了。

哈，扯得有点远了，再看埃塞尔的包容与细腻。丈夫诺曼行为乖张、脾气古怪，而她却总能想办法让他平静下来。影片中有一些细节特别感人。镜头一：诺曼在树林中拾草莓时迷失了方向，沮丧地提着两只空桶回到家，对埃塞尔抱怨："我走到了头……记不起回老镇的路了，我走到树林里……一切都是那么陌生，我吓得要命，所以我才跑回来，看见你那漂亮的脸，我才觉得踏实、安全。"埃塞尔则像一位慈祥的母亲，用她瘦弱的臂膀紧紧抱住受伤的"孩子"："没事了，老糊涂，你还和过去一样……听我说，你永远是我潇洒的白马王子，有一天你还会骑上马，我还是会坐在你身后紧紧地抱着你，我们一起向前……。"镜头二：当诺曼因为健忘"纵火烧房"后，外孙比利提了一桶水泼灭了壁炉蔓延的火苗，诺曼竟然还责怪比利把大厅搞得一团糟。看着比利委屈的样子，埃塞尔背着诺曼悄悄地去安慰他。对诺曼呢，非但没有抱怨，而且对着丈夫低语："你是全世界最好的男人，可惜只有我一个人知道。"

如果说埃塞尔身上凸显的是爱的光芒。那么，诺曼（亨利·方达饰演）之所以行为乖张、言语尖刻，则是出于对衰老及死亡的恐惧。影片刚开始有一处细节：黄昏，诺曼夫妇回到金色池塘，埃塞尔忙着屋里屋外地收拾，诺曼摘下帽子，抚触熟悉的窗棂，拨通电话和接线员开玩笑，告知他们回来了。忽然，钓鱼竿旁边的报纸上，一张照片刺痛了他。那是中年时接受采访的诺曼教授，照片上的他头发浓密、神采飞扬。诺曼看了看他，又抬头看了看镜子里即将过80岁生日的诺曼，头发稀疏、花白，脸上还长了老年斑，诺曼默默地戴上了帽子。甚至于女儿一家的到来，他们的年轻和活力，也让诺曼被迫接受更多人对自己日渐衰老的审视。还有随时都可能威胁生命的心脏问题，无一不在提醒诺曼，离死亡越来越近了。

如何才能让诺曼走出来呢？埃塞尔让他去修门、摘草莓，让他聆听森林里的潜鸟，开船带他去小镇买东西，给他安排力所能及的活儿，让他和老友多交际；带着他回忆一起走过的日子里，他们曾经为之兴奋的所有细节；明知诺曼带着比利去礁石区钓那条叫沃尔特的鲑鱼是很冒险的行为，仍然睁一只眼闭一只眼地纵容他去。埃塞尔的做法其实体现了一个很重要的生活态度。在人即将老去的时候，应该怎样活着？是天天活在沮丧、抱怨、消沉中，时时感受着自己真的老到没用了呢？还是勇于挑战衰老，尽可能有活力、高质量地过好余生的每一天呢？

当然，古怪的老头也有很好玩的时候，有一次诺曼摔倒后，面对埃塞尔心疼的责怪，竟冒出一句："我在逞强，是为了表现给你看。"他那些貌似耍赖的行为背后，恐怕也有一个心理动机，哪怕自己是无理的，老伴还是一如既往地关注他、爱他，他以此抵消甚至是抗拒因衰老而产生的恐惧。

其实，这部电影还呈现了一个非常重要的问题，那就是如何表达和理解爱？诺曼与女儿切茜的关系一直是隔膜和疏离的，甚至彼此怨愤。可谁说他不爱女儿呢？切茜小时候穿过的钓鱼的马甲，他一直保留着。当他处在危险边缘时，脱口而出呼唤着女儿的名字。但在女儿眼里，他不近人情，尖酸刻薄。女儿也想修补跟父亲的关系，想靠近却不知道该如何表现，仿佛做什么都是错，从来得不到父亲的一句肯定。有时想想，爱也是伤人的利器。那些你最爱的人，反而更容易伤害到你。因为你爱，所以在乎、介意。其实，误解和嫌隙很多时候就是在爱的前提下产生的。尤其是中国人，常常羞于表达爱、不会表达爱，更愿意把爱放在心里。这种情况下，有效的沟通和相互理解就很重要了。

影片最后是皆大欢喜，父女俩终于解开了多年的矛盾与心结。诺曼离死亡的一线之隔，让埃塞尔也感受到在死亡面前的无助，他们会更加珍惜此后的时光。既然死亡不可抗拒，那就过好每一个当下。最后，画面定格在金色的池塘，沉静而有光泽。

结语 / 做一个平和有光的女子

一年中最好的光景莫过于此刻了，春末夏初，微晨，阳光温和，空气清凉。在这个恰到好处的时刻结束这本小书，完美地呈现了我对一件事情的仪式感要求。通常来说，我是一个不太愿意往后看的人，只想顾着眼前，想着将来。正是借助了阅读这个入口，引着我断断续续、有些杂乱地回想起过往生活中的一些人和事，当它们随着我的笔触一点一点有了轮廓后，我想起了林语堂先生在《京华烟云》里说的："在人的一生，有些细微之事，本身毫无意义可言，却具有极大的重要性。事过境迁之后，回顾其因果关系，却发现其影响之大，殊可惊人。"

多年前读这本书时，我还年轻，既无意于回顾自己，也没觉得这段话跟我有何关系。因为不过一介凡夫俗子罢了，虽不至于浑浑噩噩地过活，也谈不上有什么事的影响"殊可惊人"。之所以记住了这段话，只是本能地感觉它有点神来之笔的意味。现在人到中年，才渐渐体会到，即便是普通如我，也总会有一些所谓的人生节点，因某些人、某些事而显得重要。当我回头寻找那些细微之事，并把它们串联起来后，突然就有了一个"惊人"的发现，那就是，我对人生本没有明确的规划，更不会刻意制订阶段性目标，但总会有些人、在某些关键时刻推我一把，督促我朝着现在看来还比较合理的方向一步一步走到今天。

最早的这个人是我妈妈，从上小学开始，她就为我设定了考大学的目标，走出兵团。为此，她放弃了很多自己的生活。她的朋友们在闲暇时节都喜欢聚在一起打牌、打麻将，有时就耽误了给孩子做饭。她从不，一到点儿就赶紧回家。别人提议来我家玩，她几乎都拒绝了，担心影响我们学习。家里买了电视后，规定我们只能周末看，她有时想追剧，担心我们被干扰，只好静音看哑剧。我读中学后，为了离好学校近一些，我们离开家租了别人的房子，直到我考上大学。那时流动人口比较少，房子都是计划分配，几乎没人租房，大家都觉得不理解，包括我爸爸。因为当地大多数孩子都是读完高中就工作了，人人都那么生活，为什么我们要这般折腾呢？现在想来，妈妈虽不至于像孟母三迁，但还是竭尽所能为我们创造了相对好的学习环境。

高一下学期，我们要分文理科了。我的理科成绩一塌糊涂，除了数学稍微好一点，物理、化学几乎都是不及格。但妈妈也下不了决心让我学文科，因为大家都说文科选择余地太小，将来也不好找工作。有一天，政治老师把我叫到办公室，问我选文科还是理科？他当时只是教课而已，并不是班主任,按理说并不管我们选科的事。看我没主张的样子,他找到我一年的成绩单,帮我分析了优劣利弊,建议我选文科。很惭愧,我已经不记得他的名字了,但当时他跟我说话的神态、语气却依然还历历在目。高考填报志愿时,爸爸已经去世了,一个从小看着我长大的叔叔和妈妈商量,考虑到我家的经济状况,我又是女孩子,报考师范类学校挺合适。就这样,我的脚步从一个学校转到另一个学校,直到现在。

大学毕业那年,大多数同学都去中学当老师了。我的几个好朋友却不约而同地选择了考研,我也就跟他们一起复习,继续读书了。研二那年夏天,我到北京查阅毕业论文的资料,在中国人民大学见到了我的高中同学,他是当年我们文科班五十多人中,唯一一个考出省且读名校的。那一年,北京的大街小巷都在播放《生命之杯》,同学在炎炎烈日中穿着正装去世界银行应聘,同时还在准备申请去美国留学的资料。他问我毕业后有什么打算?我当时对上学已经很厌倦了,就想赶紧找份工作,可是他却极力鼓动我考博到北京,并热心地给我找了很多复习资料。我不知道是当时北京的火热气氛打动了我,还是同学的积极进取让我看到了彼此的差距。总之,我的人生又一次在偶然的交集中改变了方向。

五年后,我考入了中国人民大学,攻读博士学位,我的同学已在美国毕业。虽说当年他帮了很多忙,但我毕竟底子薄,准备又仓促,第一次并没考上。之后我留在读研的学校当老师，认识了我的先生，结婚并有了女儿。本打算就此安安分分过日子，不曾想先生心有不甘。他是中国人民大学的本科毕业生，因为是家中最小的孩子，毕业时父母一定要他回到身边工作。可后来他对当时的生活状况越来越不满，经常做梦都回到北京。于是，在女儿两个月大时，他到北京读研，并在假期带回一堆复习资料，劝说我继续考博。这一次，我同样顺从了别人的安排，彻底离开了从小生活的地方。

回想这些年走过的路，我这个平常到很乖的女子，印象中似乎没有经历过青春期的激烈叛逆，也不曾做过离奇出格到无法忘怀的事情，更不会奋不顾身地拼命去争取什么。可一旦被推着、迫着下决心做某件事的时候，我便不再瞻前顾后，反而能够静下心来，用十二分的努力做到最好。这样看来，或许我的血液里有那么一点好强的基因；也或许是幼年时期，妈妈在我心里播下了向上的种子，一旦碰到合适的机缘，总要寻着光，一点一点往外冒出芽，直至开花结果。当然，更是因为读书这个爱好，让我因缘际会遇见了这本小书中的女子。

每当面临挫折与困顿，尤其是身兼数职、忙到狼狈不堪甚至气急败坏的时候，我就会到书中，在那些创造过奇迹的女子身上、从她们的经历和文字中汲取力量。她们的坚定与热切，创造与征服，喜悦与收获，常常能够让我静下心来，有了继续前行的勇气。

这些女子有的早已随风而逝，只留下了文字和旧事；有的仍在某处熠熠生辉，令人钦慕神往。然而，我喜欢的她们却有着相同的质地。随和，亦有自己的坚持；自我，也追求恬淡慎独，间或带着洞察人性的犀利，然而背后却不乏同情的理解。借用一个我非常认同的说法，就是平和有光。她们曾经或正在各自的真实世界里做着平和的人，却在虚拟的文字空间散发着幽微的知性之光。平和，成全了自己；有光，温暖了别人。

当然，这"平和有光"的背后，定是经过了千锤百炼的用心才能达到的品味与识见。我希望自己也成为一个平和有光的女子，为此，修炼就是一辈子的功课了。